PONS

DAS KLEINE WÖRTERBUCH

SCHWEDISCH

Schwedisch – Deutsch

Deutsch – Schwedisch

Neubearbeitung 2017

PONS GmbH
Stuttgart

INHALT

INNEHÅLL

Wörterbuch Schwedisch - Deutsch
Ordbok Svenska - Tyska 3

Wörterbuch Deutsch - Schwedisch
Ordbok Tyska - Svenska 99

Die wichtigsten Sätze
De viktigaste fraserna 199

SCHWEDISCH
DEUTSCH

SVENSKA
TYSKA

A

Aa

abort -en u [aˈbɔ[:]	die Abtreibung
absolut [apsʊˈlʉ:t]	bestimmt
adapter -n u [aˈdap:tər]	der Adapter
Adjö! [aˈjø:]	auf Wiedersehen!
adress -en u [adˈrɛs:]	die Adresse
advokat -en u [advʊˈkɑ:t]	der, die Rechtsanwalt, Rechtsanwältin
affär -en u [aˈfæ:r]	das Geschäft
Afrika [ˈɑ:frɪka]	(das) Afrika
aids [ɛɪd:s]	das Aids
akt -en u [akt]	die Akte
aktuell [aktɵˈɛl:]	aktuell
akutmottagning -en u [aˈkʉ:tmʊˌtɑ:gnɪŋ]	die Notaufnahme
aldrig [ˈal:drɪg]	nie
alkohol -en u [ˈal:kʊˌho:l]	der Alkohol
alkoholfri [al:kʊˈho:lˌfri:]	alkoholfrei
alkoholhaltig [ˈal:kʊho:lˌhal:tɪg]	alkoholisch
all [al:]	all
alla [ˈal:a]	alle
allemansrätt -en u [ˈal:ɛmansˌrɛt:]	das Jedermannsrecht
allergi -n u [alærˈgi:]	die Allergie
allergisk [aˈlær:gɪsk]	allergisch
allmänhet [ˈal:mɛnˌhe:t]	die Öffentlichkeit
allt [al:t]	alles
alltid [ˈal:tɪd]	immer
alltså [ˈal:tsɔ]	also
allvarlig [alˈvɑ:[ɪg]	ernst

A

almanacka -n u [ˈalːmənaka] .... der Kalender
aluminium -et n [aləˈmiːnɪəm] .... das Alu
aluminiumfolie -t n [aləˈmiːnɪəmˌfuːlɪə] .... die Alufolie
ambassad -en u [ambaˈsɑːd] .... die Botschaft
ambulans -en u [ambəˈlanːs] .... der Rettungswagen
att **amma** [ˈamːa] .... stillen
ananas -en u [ˈanːanas] .... die Ananas
att **andas** [ˈanːdas] .... atmen
andnöd -en u [ˈanːdˌnøːd] .... die Atemnot
andra [ˈanːdra] .... andere(r, s)
andra [ˈanːdra] .... zweite(r, s)
aning -en u [ˈɑːnɪŋ] .... die Ahnung
anka -n u [ˈaŋːka] .... die Ente
ankomst -en u [ˈaŋːkɔmst] .... die Ankunft
att **anmäla sig** [ˈanːmɛːla sɛj] .... sich melden
anmälan u [ˈanːmɛːlan] .... die Anmeldung
annars [ˈanːaʂ] .... sonst
annons -en u [aˈnɔnːs] .... die Anzeige
annorlunda [ˈanɔɭɵnːda] .... anders
ansikte -et n [ˈanːsɪktɛ] .... das Gesicht
den **anställda** u [ˈanːstɛlda] .... der/die Angestellte
anställningsintervju -n u [ˈanːstɛlnɪŋsintærˌvjʉː] .... das Bewerbungsgespräch
ansvar -et n [anˈsvɑːr] .... die Verantwortung
ansvarig [anˈsvɑːrɪg] .... verantwortlich
att **ansöka** [ˈanːsøːka] .... sich bewerben
ansökning -en u [ˈanːsøːknɪŋ] .... die Bewerbung
att **antasta** [ˈanːtasta] .... belästigen
att **använda** [ˈanːvɛnda] .... benutzen
apelsin -en u [apɛlˈsiːn] .... die Orange

A

apelsinjuice -n u [apɛlˈsiːnˌjuːs] ... der Orangensaft
apotek -et n [apʊˈteːk] ... die Apotheke
apotekare -n u [apʊˈteːkarə] ... der, die Apotheker, Apothekerin
app -en u [apː] ... die App
aprikos -en u [aprɪˈkuːs] ... die Aprikose
april [apˈrɪlː] ... der April
aptit -en u [apˈtiːt] ... der Appetit
att **arbeta** [arˈbeːta] ... arbeiten
arbete -t n [arˈbeːtɛ] ... die Arbeit
arbetsgivare -n u [ˈarbɛtsˌjiːvarə] ... der, die Arbeitgeber, Arbeitgeberin
arbetslös [ˈaːrbɛtsˌløːs] ... arbeitslos
den **arbetssökande** u [ˈaːrbeːtˌsøːkandɛ] ... der, die Bewerber, Bewerberin
arbetstagare -n u [ˈarbɛtsˌtɑːgarə] ... der, die Arbeitnehmer, Arbeitnehmerin
arg [arːj] ... böse
arm -en u [arːm] ... der Arm
armbandsur -et n [ˈaːrmbansˌʉːr] ... die Armbanduhr
armbåge -n u [ˈaːrmˌboːgɛ] ... der Ellbogen
arrogant [arʊˈganːt] ... arrogant
artikel -n u [aˈʈɪkːɛl] ... der Artikel
arton [ˈɑːʈɔn] ... achtzehn
artär -en u [aˈʈæːr] ... die Arterie
Asien [ˈɑːsɪən] ... (das) Asien
askfat -et n [ˌasːkˈfɑːt] ... der Aschenbecher
assistent -en u [asɪˈstɛnːt] ... der, die Assistent, Assistentin
astma -n u [ˈasːtma] ... das Asthma
asyl -en u [aˈsyːl] ... das Asyl

att [aːt] ... dass
attraktiv [atrakˈtiːv] ... attraktiv
aubergine -n u [oːbeˈʂɪnː] ... die Aubergine
augusti [aˈgɵsːtɪ] ... der August
avdelning -en u [ˈɑːvˌdeːlnɪŋ] ... die Abteilung
avfall -et n [ˈɑːvfal] ... der Abfall
avgasrör -et n [ˈɑːvgɑːsˌrœːr] ... der Auspuff
avgift -en u [ˈɑːvˌjɪfːt] ... der Fahrpreis
avgift -en u [ˈɑːvjɪft] ... die Gebühr
avgång -en u [ˈɑːvgɔŋ] ... der Abflug
avsked -et n [ˈɑːvʂeːd] ... der Abschied
avslappning -en u [ˈɑːvslapnɪŋ] ... die Entspannung
att **avsluta** [ˈɑːvˌslʉːta] ... beenden
avundsjuk [ˈɑːvɵnʂʉːk] ... neidisch
axel -n u [ˈakːsɛl] ... die Schulter

Bb

baby -n u [ˈbɛːbɪ] ... das Baby
bad -et n [bɑːd] ... das Bad
att **bada** [ˈbɑːda] ... baden
badbyxor -na u [ˈbɑːdˌbʏkːsər] ... die Badehose
baddräkt -en u [ˈbɑːdrɛkt] ... der Badeanzug
badkar -et n [ˈbɑːdˌkɑːr] ... die Badewanne
badminton u [ˈbædːmɪntɔn] ... das Badminton
badmintonboll -en u [ˈbædːmɪntɔnˌbɔlː] ... der Federball
badmintonracket -en u [ˈbædːmɪntɔnˌrakːɛt] ... der Badmintonschläger

B

badrock -en u ['bɑ:dˌrɔk:] .... der Bademantel
badrum -met n ['bɑ:drɵm] .... das Badezimmer
bagage -t n [ba'gɑ:ʂ] .... das Gepäck
bagagelucka -n u [ba'gaʂ:ˌlɵk:a] .... der Kofferraum
bagare -n u ['bɑ:garə] .... der, die Bäcker, Bäckerin
bageri -t n [bɑgɛ'ri:] .... die Bäckerei
bak [bɑ:k] .... hinten
att **baka** ['bɑ:ka] .... backen
bakad ['bɑ:kad] .... gebacken
bakom ['bɑ:kɔm] .... hinter
bakugn -en u ['bɑ:kɵŋ:n] .... der Backofen
bakverk -et n ['bɑ:kværk] .... das Gebäck
baljfrukt -en u ['bal:jˌfrɵk:t] .... die Hülsenfrucht
balkong -en u [bal'kɔŋ:] .... der Balkon
banan -en u [ba'nɑ:n] .... die Banane
band -et n [ban:d] .... die Band
bank -en u [baŋ:k] .... die Bank
bankkod -en u ['baŋˌko:d] .... die Bankleitzahl
bankomat -en u [baŋko'mɑ:t] .... der Geldautomat
bar -en u [bɑ:r] .... die Bar
bara ['bɑ:ra] .... nur
barn -et n ['bɑ:ɳ] .... das Kind
barnbarn -et n ['bɑ:ɳbɑ:ɳ] .... der, die Enkel, Enkelin
barnmorska -n u ['bɑ:ɳˌmoʂ:ka] .... die Hebamme
barnstol -en u ['bɑ:ɳˌʂtu:l] .... der Kindersitz
barnvagn -en u ['bɑ:ɳˌvaŋ:n] .... der Kinderwagen
basilika -n u [ba'si:lɪka] .... das Basilikum
bastu -n u ['bas:tɵ] .... die Sauna
batteri -et n [batæ'ri:] .... der Akku

batteri -et n [batæˈriː]	die Batterie
att **be** [beː]	beten
att **be om** [ˈbeː ˌɔmː]	bitten um
att **bedöma** [bɛˈdœmːa]	beurteilen
bedövning -en u [bɛˈdøːvnɪŋ]	die Betäubung
begravning -en u [bɛˈgrɑːvnɪŋ]	die Beerdigung
att **behaga** [bɛˈhɑːga]	gefallen
behandling -en u [bɛˈhanːdlɪŋ]	die Behandlung
att **behålla** [bɛˈhɔlːa]	behalten
behållare -n u [bɛˈhɔlːarə]	der Behälter
att **behöva** [bɛˈhøːva]	brauchen
den **bekanta** u [bɛˈkanːta]	der/die Bekannte
att **beklaga** [bɛˈklɑːga]	bedauern
bekväm [bɛˈkvɛːm]	bequem
bekymmer -ret n [bɛˈçʏmːər]	der Ärger
belopp -et n [bɛˈlɔpː]	der Betrag
ben -et n [beːn]	das Bein
bensin -en u [bɛnˈsiːn]	das Benzin
bensinstation -en u [bɛnˈsiːnstaˈʂuːn]	die Tankstelle
bensintank -en u [bɛnˈsiːnˌtaŋːk]	der Benzintank
beredd [bɛˈrɛdː]	bereit
berg -et n [bɛrːj]	der Berg
beroende -t n [bæˈruːəndə]	die Sucht
berusad [bɛˈrʉːsad]	betrunken
att **berätta** [bɛˈrɛtːa]	erzählen
att **beröra** [bɛˈrœːra]	berühren
besked -et n [bɛˈʂeːd]	der Bescheid
att **beskriva** [bɛˈskriːva]	beschreiben
bestick -et n [bɛˈstɪkː]	das Besteck
att **bestraffa** [bɛˈstrafːa]	bestrafen

B

att **beställa** [bɛˈstɛlːa] .... bestellen
beställning -en u [bɛˈstɛlːnɪŋ] .... die Bestellung
bestört [bɛˈstœʈː] .... bestürzt
att **besvara** [bɛˈsvɑːra] .... beantworten
besök -et n [bɛˈsøːk] .... der Besuch
att **besöka** [bɛˈsøːka] .... besuchen
besökare -n u [bɛˈsøːkarɛ] .... der, die Besucher, Besucherin
att **betala** [bɛˈtɑːla] .... bezahlen
att **betjäna** [bɛˈçɛːna] .... bedienen
att **betyda** [bɛˈtyːda] .... bedeuten
bevis -et n [bɛˈviːs] .... der Beweis
bh -n u [ˈbeːˌhoː] .... der BH
bi -et n [biː] .... die Biene
bibliotek -et n [bɪbloˈteːk] .... die Bibliothek
biff -en u [bɪfː] .... das Steak
bil -en u [biːl] .... das Auto
bilbälte -t n [ˈbiːlˌbɛltə] .... der Sicherheitsgurt
bild -en u [bɪlːd] .... das Bild
bildning -en u [ˈbɪlːdnɪŋ] .... die Bildung
bildskärm -en u [ˈbɪlːdˌɕæːrm] .... der Bildschirm
biljett -en u [bɪlˈjɛtː] .... die Fahrkarte
biljett -en u [bɪlˈjɛtː] .... das Ticket
biljettmaskin -en u [bɪlˈjɛtːmaˌɕiːn] .... der Fahrkartenautomat
bilkö -n u [ˈbiːlˌkøː] .... der Stau
billig [ˈbɪlːɪg] .... billig
bio -n u [ˈbiːʊ] .... das Kino
att **bita** [ˈbiːta] .... beißen
att **bjuda** [bjʉːda] .... bieten
att **bjuda in** [ˌbjʉːda ˈɪnː] .... einladen

björn -en u [bjœ:ɳ]	der Bär
björnbär -et n [ˈbjœ:ɳˌbæ:r]	die Brombeere
blad -et n [blɑ:d]	das Blatt
att **blanda** [ˈblan:da]	mischen
blek [ble:k]	blass
att **bli** [bli:]	werden
att **bli förskräckt** [ˈbli: fə:ˌskrɛk:t]	sich erschrecken
att **bli uppsagd** [ˈbli: ˈɵp:sagd]	entlassen werden
blind [ˈblɪn:d]	blind
blindhund -en u [ˈblɪn:dˌhɵn:d]	der Blindenhund
blindkäpp -en u [ˈblɪn:dˌɕɛp:]	der Blindenstock
blindtarm -en u [ˈblɪn:ˌtar:m]	der Blinddarm
blinker -n u [ˈblɪŋ:kər]	das Blinklicht
blixt -en u [blɪk:st]	der Blitz
blod -et n [blu:d]	das Blut
blodomlopp -et n [ˈblu:dɔmˌlɔp:]	der Kreislauf
blodtryck -et n [ˈblu:dˌtrʏk:]	der Blutdruck
blomkål -en u [ˈblomko:l]	der Blumenkohl
att **blomma** [ˈblʊm:a]	blühen
blomma -n u [ˈblʊm:a]	die Blume
blus -en u [blʉ:s]	die Bluse
blyertspenna -n u [ˈbly:əʈsˌpɛn:a]	der Bleistift
blyfri [ˈbly:fri:]	bleifrei
blyg [bly:g]	schüchtern
blå [blo:]	blau
blåsa -n u [ˈblo:sa]	die Blase
blåsig [ˈblo:sɪg]	windig
bläck -et n [blɛk:]	die Tinte
att **blöda** [ˈblø:da]	bluten
blödning -en u [ˈblø:dnɪŋ]	die Blutung
blöja -n u [ˈblœj:a]	die Windel

B

att bo [bu:] ... wohnen
boardingkort -et n [ˈbo:ɖɪŋˌkuʈ:] ... die Bordkarte
bok -en u [bu:k] ... das Buch
att boka [ˈbu:ka] ... buchen
bokhandel -n u [ˈbu:kˌhan:dəl] ... die Buchhandlung
bokhylla -n u [ˈbu:kˌhʏl:a] ... das Bücherregal
bokstav -en u [ˈbʊk:stɑ:v] ... der Buchstabe
boll -en u [bɔl:] ... der Ball
bomb -en u [bɔm:b] ... die Bombe
bomull -en u [ˈbʊm:ʊl] ... die Baumwolle
bonde -n u [ˈbʊn:də] ... der, die Bauer, Bäuerin
bondgård -en u [ˈbʊn:dˌgo:ɖ] ... der Bauernhof
bord -et n [bu:ɖ] ... der Tisch
bordtennis -en u [ˈbu:ɖˌtɛn:ɪs] ... das Tischtennis
borg -en u [bɔr:j] ... die Burg
att borra [ˈbɔr:a] ... bohren
börs -en u [bœʂ] ... der Geldbeutel
borste -n u [ˈbɔʂ:tɛ] ... die Bürste
bort [bɔʈ:] ... fort
borta [ˈbɔʈ:a] ... weg
bottenvåning -en u [ˈbɔtɛnˌvo:nɪŋ] ... das Erdgeschoss
boxning -en u [ˈbʊk:snɪŋ] ... das Boxen
bra [brɑ:] ... gut
brand -en u [bran:d] ... der Brand
brandkår -en u [ˈbran:dko:r] ... die Feuerwehr
brandsläckare -n u [ˈbran:dˌslɛk:arə] ... der Feuerlöscher
brandstation -en u [ˈbran:dstaˌʂu:n] ... die Feuerwache
brandvarnare -n u [ˈbran:dˌvɑ:ɳarə] ... der Rauchmelder
bred [bre:d] ... breit
bredvid [ˈbre:vɪd] ... neben

brev -et n [breːv] .... der Brief
brevbärare -n u [ˈbreːvˌbæːrarɛ] .... der, die Briefträger, Briefträgerin

B

brevlåda -n u [ˈbreːvˌloːda] .... der Briefkasten
bricka -n u [ˈbrɪkːa] .... das Tablett
att **brinna** [ˈbrɪnːa] .... brennen
bris -en u [briːs] .... die Brise
bro -n u [bruː] .... die Brücke
bror -dern u [bruːr] .... der Bruder
broccoli -n u [ˈbrɔkːɔlɪ] .... der Brokkoli
broms -en u [brɔmːs] .... die Bremse
att **bromsa** [ˈbrɔmːsa] .... bremsen
bromspedal -en u [ˈbrɔmːspɛˌdɑːl] ... das Bremspedal
bronkit -en u [brɔŋˈkiːt] .... die Bronchitis
brorsdotter -n u [ˈbruːʂˌdɔtːər] .... die Nichte (brüderlicherseits)
brorson -en u [ˈbruːʂˌoːn] .... der Neffe (brüderlicherseits)
brott -et n [brɔtː] .... die Straftat
brottsling -en u [ˈbrɔtːslɪŋ] .... der, die Verbrecher, Verbrecherin
brud -en u [brʉːd] .... die Braut
brudgum -men u [ˈbrʉːdgəm] .... der Bräutigam
brun [brʉːn] .... braun
att **bry sig** [ˈbryː sɛj] .... sich kümmern
brysselkål -en u [ˈbrʏsəlkoːl] .... der Rosenkohl
att **bryta** [ˈbryːta] .... brechen
bråttom [ˈbrɔtːɔm] .... dringend
bråttom [ˈbrɔtːɔm] .... eilig
brännskada -n u [ˈbrɛnːˌskɑːda] .... die Brandwunde
brännvin -et n [ˈbrɛnːˌviːn] .... der Schnaps

bröd -et n [brøːd]	das Brot
brödrost -en u [ˈbrøːdˌrɔsːt]	der Toaster
bröllop -et n [ˈbrœlːɔp]	die Hochzeit
bröst -et n [brœsːt]	die Brust
buk -en u [bʉːk]	der Bauch
bukt -en u [bɵkːt]	die Bucht
buss -en u [bɵsː]	der Bus
busschaufför -en u [ˈbɵsʂɔˌfœːr]	der, die Busfahrer, Busfahrerin
busshållplats -en u [ˈbɵsːhɔlˌplatːs]	die Bushaltestelle
busslinje -n u [ˈbɵsˌlɪnːjɛ]	der Linienbus
busstation -en u [ˈbɵstaˌʂuːn]	der Busbahnhof
by -n u [byː]	das Dorf
att **bygga** [ˈbʏgːa]	bauen
byggaffär -en u [ˈbʏgːaˌfæːr]	der Baumarkt
byggnad -en u [ˈbʏgːnad]	das Gebäude
byggnadsplats -en u [ˈbʏgːnadsˌplatːs]	die Baustelle
byrå -n u [ˈbyːrɔ]	die Kommode
att **byta** [ˈbyːta]	umsteigen
byxor -na u [ˈbʏkːsər]	die Hose
båda [ˈboːda]	beide
bäck -en u [bɛkː]	der Bach
bänk -en u [bɛŋːk]	die Bank
bär -et n [bɛːr]	die Beere
att **bära** [ˈbæːra]	tragen
den **bärbara datorn** u [ˈbæːrˌbɑːra ˈdɑːtʊɳ]	der/das Laptop
bärgningsservice -n u [ˈbærːjnɪŋˌsœːrvɪs]	der Pannendienst
bäst [bɛsːt]	beste(r, s)

bättre [ˈbɛtːrɛ]	besser
böna -n u [ˈbøːna]	die Bohne
att **börja** [ˈbœrːja]	anfangen
början u [ˈbœrːjan]	der Anfang
börs -en u [bœʂː]	die Börse

Cc

campingplats -en u [ˈkamːpɪŋˌplatːs]	der Campingplatz
cancer -n u [ˈkanːsɛr]	der Krebs
cappuccino -n u [kapəˈɕiːnʊ]	der Cappuccino
CD-romskiva -n u [seːdeːˈrɔmːˌʂiːva]	die CD-ROM
CD-spelare -n u [ˈseːdeːˌspeːlarə]	der CD-Spieler
cello -n u [ˈsɛlːʊ]	das Cello
Celsius [ˈsɛlːsɪəs]	Celsius
centimeter -n u [ˈsɛnːtɪˌmeːtər]	der, das Zentimeter
Centralamerika [sɛntˈrɑːlaˌmeːrɪka]	(das) Mittelamerika
centralstation -en u [sɛnˈtrɑːlstaʂˌuːn]	der Hauptbahnhof
centrum -et n [ˈsɛnːtrəm]	das Zentrum
champinjon -en u [ʂampɪnˈjuːn]	der Champignon
chans -en u [ɕanːs]	die Chance
charkuteri -et n [ʂarkətəˈriː]	die Metzgerei
att **checka in** [ˌɕɛkːa ˈɪnː]	einchecken
chef -en u [ʂeːf]	der, die Chef, Chefin
chips -en u [ɕɪpːs]	die Chips
chock -en u [ʂɔkː]	der Schock
choklad -en u [ʂʊkˈlɑːd]	die Schokolade
cigarett -en u [sɪgaˈrɛtː]	die Zigarette

cigarettändare -n u [sɪgaˈrɛtːɛndarə]	das Feuerzeug
cigarr -en u [sɪˈgarː]	die Zigarre
citron -en u [sɪˈtruːn]	die Zitrone
Coca-Cola -n u [ˌkɔkːaˈkoːla]	die/das Cola
cockpit -en u [ˈkɔkːpɪt]	das Cockpit
cocktail -en u [ˈkɔkːteɪl]	der Cocktail
cornflakes -en n [ˈkoːnˌflɛjːks]	die Cornflakes
couscous u [ˈkʊsːkʊs]	der/das Couscous
croissant -en u [kruːaˌsaŋ]	das Croissant
curry -n u [ˈkørːɪ]	das/der Curry
CV -t/-n [ˈseːveː]	der Lebenslauf
cykel -n u [ˈsʏkːɛl]	das Fahrrad
cykelbana -n u [ˈsʏkːɛlˌbɑːna]	der Fahrradweg
cykelhjälm -en u [ˈsʏkːɛlˌjɛlːm]	der Fahrradhelm

Dd

dadel -n u [ˈdɑːdɛl]	die Dattel
dag -en u [dɑːg]	der Tag
daghem -met n [ˈdɑːgˌhɛmː]	der Kindergarten
dal -en u [dɑːl]	das Tal
dam -en u [dɑːm]	die Dame
damm -et n [damː]	der Staub
damm -en u [damː]	der Teich
att **dammsuga** [ˈdamːˌsʉːga]	Staub saugen
dammsugare -n u [ˈdamːˌsʉːgarə]	der Staubsauger
dans -en u [danːs]	der Tanz
att **dansa** [ˈdanːsa]	tanzen
data n [ˈdɑːta]	die Daten

dator -n u [ˈdɑːtɵr] .... der Computer
datum -et n [ˈdɑːtɵm] .... das Datum
dauerbinda -n u [ˈdaʊərˌbɪnːda] .... die Bandage
de [dɔmː] .... sie
december [dɛˈsɛmːbər] .... der Dezember
deg -en u [deːg] .... der Teig
del -en u [deːl] .... der Teil
att **dela** [ˈdeːla] .... teilen
delfin -en u [dɛlˈfiːn] .... der Delfin
delta [ˈdeːlˌtɑː] .... teilnehmen
deltidsarbete -t n [ˈdeːltiːdsarˌbeːtə] .... die Teilzeit
dem [dɔmː] .... ihnen
demens -en u [dɛˈmɛnːs] .... die Demenz
den [dɛnː] .... es
den(t) här [ˌdɛnː ˈhæːr] .... diese(r, s)
deodorant -en u [deːʊdɔˈranːt] .... das Deodorant
deposition -en u [dɛpʊsɪˈɧuːn] .... die Kaution
depression -en u [dɛprɛˈɧuːn] .... die Depression
deras [ˈdeːras] .... ihre(r, s)
desinfektionsmedel -let n [dɛsɪnfɛkˈɧuːnsˌmeːdɛl] .... das Desinfektionsmittel
dess [dɛsː] .... sein(e)
dessert -en u [dɛˈsæːr] .... das Dessert
det [deː] .... es
diabetes -en u [dɪaˈbeːtəs] .... der Diabetes
diagnos -en u [dɪaˈgnoːs] .... die Diagnose
diamant -en u [dɪaˈmanːt] .... der Diamant
diarré -n u [diaˈreː] .... der Durchfall
diesel -n u [ˈdíːsɛl] .... der Diesel
diet -en u [dɪˈeːt] .... die Diät
dig [dɛjː] .... dich, dir

D

D

digital [dɪgɪˈtɑːl]	digital
digitalkamera -n u [dɪgɪˈtɑːlˌkɑːmərа]	die Digitalkamera
dimma -n u [ˈdɪmːa]	der Nebel
dimmig [ˈdɪmːɪg]	neblig
din (tt, a) [dɪnː]	dein(e), deine(r, s)
disk -en u [dɪsːk]	die Theke
diskho -n u [ˈdɪsːkˌhuː]	das Spülbecken
diskmaskin -en u [ˈdɪsːkmaˌɧiːn]	die Spülmaschine
diskmedel -let n [ˈdɪsːkˌmeːdɛl]	das Spülmittel
disktrasa -n u [ˈdɪsːkˌtrɑːsa]	der Spüllappen
djup [jʉːp]	tief
djupfryst [ˈjʉːpˌfryːst]	tiefgefroren
de **djupfrysta varorna** u [ˈjʉːpˌfryːsta ˈvɑːruŋa]	die Tiefkühlkost
djur -et n [jʉːr]	das Tier
docka -n u [ˈdɔkːa]	die Puppe
dollar -n u [ˈdɔlːar]	der Dollar
domare -n u [ˈdumːarə]	der, die Richter, Richterin
domkyrka -n u [ˈdumːˌɕʏrːka]	der Dom
domstol -en u [ˈdumːstuːl]	das Gericht
dop -et n [duːp]	die Taufe
dotter -n u [ˈdɔtːər]	die Tochter
att **dra** [drɑː]	ziehen
dragkedja -n u [ˈdrɑːgˌɕeːdja]	der Reißverschluss
dragspel -et n [ˈdrɑːgˌspeːl]	das Akkordeon
att **dricka** [ˈdrɪkːa]	trinken
dricks -en u [drɪkːs]	das Trinkgeld
drottning -en u [ˈdrɔtːnɪŋ]	die Königin
att **drunkna** [ˈdrɵŋːkna]	ertrinken
dryck -en u [drʏkː]	das Getränk

att **dröja** [ˈdrœj:a]	dauern
dröm -men u [drœm:]	der Traum
att **drömma** [ˈdrœm:a]	träumen
du [dʉ̣:]	du
dubbeldeckare -n u [ˈdɵb:əlˌdɛk:arɛ]	der Doppeldecker
dubbelrum -met n [ˈdɵb:əlˌrɵm:]	das Doppelzimmer
dubbelsäng -en u [ˈdɵb:ɛlˌsɛŋ:]	das Doppelbett
dubbelt [ˈdɵb:ɛlt]	doppelt
duktig [ˈdɵk:tɪg]	fähig
dum [dɵm:]	dumm
dusch -en u [dɵʂ]	die Dusche
att **duscha** [ˈdɵʂ:a]	sich duschen
duschgel -en u [ˈdɵʂˌjɛl:]	das Duschgel
duva -n u [ˈdʉ̣:va]	die Taube
dvd -n u [de:ve:ˈde:]	die DVD
att **dyka** [ˈdy:ka]	tauchen
dyr [dy:r]	teuer
då [do:]	dann
dålig [ˈdo:lɪg]	schlecht
däck -et n [dɛk:]	der Reifen
där [dæ:r]	da
därför [ˈdæ:rfœ̣r]	deswegen
att **dö** [dø:]	sterben
död -en u [dø:d]	der Tod
död [dø:d]	tot
att **döda** [ˈdø:da]	töten
döner kebab -en u [ˈdø:nərkɛˌbab:]	der Döner
dörr -en u [dœ̣r:]	die Tür
dörrlås -et n [ˈdœ̣rˌlo:s]	das Türschloss
döv [dø:v]	gehörlos

Ee

E

efter ['ɛf:tər] .... nach
eftermiddag -en u ['ɛf:tər,mɪd:a] .... der Nachmittag
efterrätt -en u ['ɛf:tærɛt] .... der Nachtisch
eftersom [ɛftə'ʂɔm:] .... weil
egentligen [ɛ'jɛn:tlɪgən] .... eigentlich
ek -en u [e:k] .... die Eiche
ekoprodukt -en u ['e:kuprɔ,dəkːt] .... das Bioprodukt
ekorre -en u ['ɛk:ɔrə] .... das Eichhörnchen
eksem -et n [ɛk'se:m] .... das Ekzem
eld -en u [ɛl:d] .... das Feuer
elefant -en u [ɛlɛ'fan:t] .... der Elefant
elektrisk [ɛl'ɛk:trɪsk] .... elektrisch
element -et n [ɛlɛ'mɛn:t] .... der Heizkörper
elev -en u [ɛ'le:v] .... der, die Schüler, Schülerin
eller ['ɛl:ər] .... oder
elmätare -n u ['e:l,mɛ:tarə] .... der Stromzähler
eluttag -et n ['e:lʉ:,tɑ:g] .... die Steckdose
elva ['ɛl:va] .... elf
embryo -t n ['ɛ:mbryʊ] .... der/das Embryo
e-mejl -et n ['i:mejl] .... die/das E-Mail
en [ɛn:] .... ein(e)
en [ɛn:] .... eins
en gång u ['ɛŋ: ,gɔŋ:] .... einmal
en gång till [ɛŋ ,gɔŋ: 'tɪl:] .... noch einmal
energi -n u [ɛnær'ʂi:] .... die Energie
enhet -en u [e:nhe:t] .... das Laufwerk
enkel ['ɛŋ:kɛl] .... einfach

den **enkelriktade vägen** u ['ɛŋ:kɛlrɪktadɛ 'vɛ:gən] ... die Einbahnstraße
enkelrum -met n ['ɛŋ:kəlˌrəm:] ... das Einzelzimmer
enkelsäng -en u ['ɛŋ:kəlˌsɛŋ:] ... das Einzelbett
enligt ['e:nlɪt] ... gemäß
ensam ['ɛn:sam] ... allein
ensamstående ['ɛn:samˌsto:ɛndə] ... alleinstehend
envis ['e:nvi:s] ... dickköpfig
epidemi -n u [ɛpɪdɛ'mi:] ... die Epidemie
epilepsi -n u [ɛpɪlɛp'si:] ... die Epilepsie
e-postadress -en u ['e:pɔstadˌrɛs:] ... die E-Mail-Adresse
er [e:r] ... euch
er [e:r] ... Ihnen
er (t, a) [e:r] ... euer(e), euere(r, s)
er (t, a) [e:r] ... Ihr(e), Ihre(r, s)
att **erbjuda** ['e:rˌbjʉ:da] ... anbieten
att **erfara** ['e:rfɑ:ra] ... erfahren
ersättning -en u ['e:ʂɛtnɪŋ] ... der Ersatz
espresso -n u [ɛs'prɛs:ɔ] ... der Espresso
ett [ɛt:] ... ein(e)
ett [ɛt:] ... eins
ett par ['ɛt: pɑ:r] ... paar
EU ['e:ʉ:] ... die EU
euro -n u ['ɛv:rɔ] ... der Euro
Europa [ɛ'ru:pa] ... (das) Europa
Europeiska unionen [ɛrʊ'pe:ɪska ənɪˌu:nən] ... die Europäische Union
evig ['e:vɪg] ... ewig
explosion -en u [ɛksplɔ'ʂu:n] ... die Explosion
extern [ɛks'tæ:ɳ] ... extern
extra ['ɛk:stra] ... zusätzlich

E

Ff

far -dern u ['faːr]	der Vater
fabrik -en u [fab'riːk]	die Fabrik
fall -et n [falː]	der Fall
att **falla** ['falːa]	fallen
falsk [falːsk]	falsch
familj -en u [fa'mɪlːj]	die Familie
fana -n u ['fɑːna]	die Fahne
fara -n u ['fɑːra]	die Gefahr
farbror -dern u ['farːbrʊr]	der Onkel (väterlicherseits)
farfar -dern u ['farːfar]	der Großvater (väterlicherseits)
farföräldrar -na u ['fɑːrfœˌrɛlːdrar]	die Großeltern (väterlicherseits)
farlig ['fɑːlɪg]	gefährlich
farmor -dern u ['farːmʊr]	die Großmutter (väterlicherseits)
fast [fasːt]	fest
faster -n u ['fasːtər]	die Tante (väterlicherseits)
fastighet -en u ['fasːtɪgˌheːt]	das Eigentum
fastän ['fasːtɛn]	obwohl
fast avgift -en u [faːst aːvjift]	die Flatrate
fattig ['fatːɪg]	arm
feber -n u ['feːbər]	das Fieber
februari [fɛbrɵ'ɑːrɪ]	der Februar
fel -et n [feːl]	der Fehler
fem [fɛmː]	fünf

femtio [ˈfɛmːtɪ] .... fünfzig
femton [ˈfɛmːtɔn] .... fünfzehn
fest -en u [fɛsːt] .... das Fest
fet [feːt] .... fett
fett -et n [fɛtː] .... das Fett
fettsnål [ˈfɛtːsnoːl] .... fettarm
ficka -n u [ˈfɪkːa] .... die Tasche
fickkniv -en u [ˈfɪkniːv] .... das Taschenmesser
ficklampa -n u [ˈfɪkːˌlamːpa] .... die Taschenlampe
ficktjuveri -t n [ˈfɪkːɕʉvɛˌriː] .... der Taschendiebstahl
att **fika** [ˈfiːka] .... Kaffee trinken
fikon -et n [ˈfiːkɔn] .... die Feige
fil -en u [fiːl] .... die Datei
fil -en u [fiːl] .... die Fahrspur
film -en u [fɪlːm] .... der Film
filmjölk -en u [ˈfiːlmjœlk] .... die Sauermilch
filter -ret n [ˈfɪltər] .... der Filter
filtpenna -n u [ˈfɪltpɛna] .... der Filzstift
fin [fiːn] .... fein
finger -ret n [ˈfɪŋːər] .... der Finger
fingeravtryck -et n [ˈfɪŋːərɑvˌtrykː] .... der Fingerabdruck
fingernagel -n u [ˈfɪŋːərˌnɑːgɛl] .... der Fingernagel
att **finna** [ˈfɪnːa] .... finden
finne -n u [ˈfɪnːɛ] .... der Pickel
fiol -en u [fjˈuːl] .... die Geige
firande -t n [ˈfiːrandɛ] .... die Feier
fisk -en u [fɪsːk] .... der Fisch
fjorton [ˈfjʊʈːɔn] .... vierzehn
fjäder -n u [ˈfjɛːdər] .... die Feder
fjärde [ˈfjæːɖɛ] .... vierte(r, s)
fjärdedel -en u [ˈfjæɖəˌdeːl] .... das/der Viertel

F

F

fjäril -en u [ˈfjæ:rɪl]	der Schmetterling
fjärrkontroll -en u [ˈfjær:kɔnˌtrɔl:]	die Fernbedienung
fladdermus -en u [ˈflad:ərˌmʉ:s]	die Fledermaus
flaska -n u [ˈflas:ka]	die Flasche
flasköppnare -n u [ˈflas:kœpnarə]	der Flaschenöffner
flera [ˈfle:ra]	mehrere
flera gånger [ˈfle:ra ˌgɔŋ:ər]	mehrmals
flerfaldig [ˈfle:rfaldɪg]	mehrfach
flicka -n u [ˈflɪk:a]	das Mädchen
flingor -na u [ˈflɪŋ:ʊr]	die Frühstücksflocken
flintskalle -n u [ˈflɪn:tskalə]	die Glatze
flod -en u [flu:d]	der Fluss
flottig [ˈflɔt:ɪg]	fettig
fluga -n u [ˈflʉ:ga]	die Fliege
att **fly** [fly:]	fliehen
att **flyga** [ˈfly:ga]	fliegen
flygbolag -et n [ˈfly:gbʊˌlɑ:g]	die Fluggesellschaft
flygning -en u [ˈfly:gnɪŋ]	der Flug
flygplan -et n [ˈfly:gplɑ:n]	das Flugzeug
flygplats -en u [ˈfly:gplats]	der Flughafen
flygpost -en u [ˈfly:gˌpɔs:t]	die Luftpost
flygvärdinna -n u [ˈfly:gvæˌɖɪn:a]	der, die Flugbegleiter, Flugbegleiterin
flykting -en u [ˈflʏk:tɪŋ]	der Flüchtling
flytande [ˈfly:tandə]	flüssig
att **flytta** [ˈflʏt:a]	umziehen
fläck -en u [flɛk:]	der Fleck
fläskkött -et n [ˈflɛs:kɕœt]	das Schweinefleisch
folk -et n [fɔl:k]	das Volk
fontän -en u [fɔnˈtɛ:n]	der Brunnen
fordon -et n [ˈfu:ɖu:n]	das Fahrzeug

forell -en u [fɔˈrɛlː]	die Forelle
forskning -en u [ˈfɔʂːknɪŋ]	die Forschung
fot -en u [fuːt]	der Fuß
fotboll -en u [ˈfuːtbɔl]	der Fußball
fotled -en u [ˈfuːtˌleːd]	das Fußgelenk
foto -t n [ˈfuːtʊ]	das Foto
fotoalbum -et n [ˈfuːtʊalˌbɵmː]	das Fotoalbum
att **fotografera** [fʊtʊgraˈfeːra]	fotografieren
fraktur -en u [frakˈtʉːr]	der Knochenbruch
fralla -n u [ˈfralːa]	das Brötchen
framför [ˈframːfœr]	vor
framgång -en u [ˈframːgɔŋ]	der Erfolg
framgångsrik [ˈframːgɔŋsˌriːk]	erfolgreich
framme [ˈframːɛ]	vorn(e)
fred -en u [freːd]	der Frieden
fredag -en u [ˈfreːda]	der Freitag
fredlig [ˈfreːdlɪg]	friedlich
fri [friː]	frei
friidrott -en u [ˈfriːdrɔt]	die Leichtathletik
frimärke -t n [ˈfriːˌmærkɛ]	die Briefmarke
frisersalong -en u [frɪˈseːrsaˌlɔŋː]	der Friseursalon
frisk [frɪsːk]	frisch
frisk [frɪsːk]	gesund
frisör -en u [frɪˈsœːr]	der, die Friseur, Friseurin
att **fritera** [frɪˈteːra]	frittieren
fritid -en u [ˈfriːtiːd]	die Freizeit
frost -en u [frɔsːt]	der Frost
fru -n ... [frʉː ...]	Frau ...
fru -n u [frʉː]	die Ehefrau
frukost -en u [ˈfrɵkːɔst]	das Frühstück

frukt -en u [frɵk:t]	das Obst
frys -en u [fry:s]	der Gefrierschrank
fråga -n u ['fro:ga]	die Frage
att **fråga** ['fro:ga]	fragen
från [fro:n]	ab
från [fro:n]	aus
från [fro:n]	von
från den ['frɔn: dɛn]	davon
fräknar -na u ['frɛk:nar]	die Sommersprossen
främmande ['frɛm:andɛ]	fremd
det **främmande språket** n ['frɛm:andɛ 'spro:kɛt]	die Fremdsprache
frö -et n [frø:]	der Samen
fuktig ['fɵk:tɪg]	feucht
ful [fʉ:l]	hässlich
full [fɵl:]	voll
fullkornsbröd -et n ['fɵl:ku:ɳsˌbrø:d]	das Vollkornbrot
fullständig ['fɵl:ˌstɛn:dɪg]	völlig
att **fylla** ['fʏl:a]	füllen
fyra ['fy:ra]	vier
fyra gånger ['fy:ra ˌgɔŋ:ər]	viermal
fyrtio ['fœʈ:ɪ]	vierzig
att **få** [fo:]	bekommen
att **få** [fo:]	dürfen
få [fo:]	wenig(e)
fågel -n u ['fo:gɛl]	der Vogel
att **fånga** ['fɔŋ:a]	fangen
får -et n [fo:r]	das Schaf
får jag ...? ['fo:r jɑ: ...]	darf ich ...?
fåtölj -en u [fɔ'tœl:j]	der Sessel
fält -et n [fɛl:t]	das Feld

fältsallad -en u ['fɛl:tsalad] .... der Feldsalat
fängelse -t n ['fɛŋ:ɛlsə] .... das Gefängnis
fänkål -en u ['fen:ko:l] .... der Fenchel
färd -en u [fæ:ɖ] .... die Fahrt
färdig ['fæ:ɖɪg] .... fertig
färg -en u [fær:j] .... die Farbe
färggrann ['færjgran] .... bunt
färgpenna -n u ['fær:jˌpen:a] .... der Malstift
färja -n u ['fær:ja] .... die Fähre
färsk [fæʂ:k] .... frisch
färskost -en u ['fæʂ:kʊst] .... der Frischkäse
att **fästa** ['fɛs:ta] .... kleben
fästing -en u ['fɛs:tɪŋ] .... die Zecke
födelsedag -en u ['fø:dɛlsəˌdɑ:g] .... der Geburtstag
födelsekontroll -en u ['fø:dɛlsəkɔnˌtrɔl:] .... die Verhütung
födelsemärke -t n ['fø:dɛlsəˌmær:kɛ] .... das Muttermal
födsel -n u ['fø:dsɛl] .... die Geburt
att **följa** ['fœl:ja] .... folgen
att **föna** ['fø:na] .... föhnen
fönster -ret n ['fœn:stər] .... das Fenster
för [fœ:r] .... denn
för [fœ:r] .... für
det **för tidigt födda barnet** n [fœ'ti:dɪtfœdaˌbɑŋ:ət] .... das Frühchen
förargad [fœr'ar:jad] .... verärgert
förbi [fœr'bi:] .... vorbei
att **förbjuda** [fœr'bjʉ:da] .... verbieten
förbjuden [fœr'bjʉ:dən] .... verboten
fördel -en u ['fœ:de:l] .... der Vorteil
fördrag -et n [fœ'drɑ:g] .... der Vertrag

F

F

Förenta Nationerna [fœ'reːnta natˌɕuːnəɳa]	die Vereinten Nationen
företräde -t n ['fœːrɛˌtrɛːdə]	die Vorfahrt
förgiftning -en u [fœr'jɪfːtnɪŋ]	die Vergiftung
förhållande -t n [fœr'hɔlːandə]	die Beziehung
att **förklara** [fœr'klɑːra]	erklären
förkläde -t n ['fœːrˌklɛːdɛ]	die Schürze
förkylning -en u [ˌfœr'ɕyːlnɪŋ]	die Erkältung
förlamad [fœ'ɭɑːmad]	gelähmt
att **förlora** [fœ'ɭuːra]	verlieren
förlorad [fœ'ɭuːrad]	verloren
förmiddag -en u [fœr'mɪdːa]	der Vormittag
förmodligen [fœr'muːdlɪən]	wahrscheinlich
förpackning -en u [fœr'pakːnɪŋ]	die Verpackung
förrätt -en u ['fœːrɛt]	die Vorspeise
försening -en u [fœ'ʂeːnɪŋ]	die Verspätung
försiktig [fœ'ʂɪkːtɪg]	vorsichtig
förslag -et n [fœ'ʂlɑːg]	der Vorschlag
först [fœʂːt]	erst
först [fœʂːt]	zuerst
första ['fœʂːta]	erste(r, s)
första hjälpen ['fœʂːtaˌjɛlːpɛn]	die erste Hilfe
att **förstå** [fœʂ'toː]	verstehen
försvar -et n [fœ'ʂvɑːr]	die Verteidigung
försäkring -en u [fœ'ʂɛːkrɪŋ]	die Versicherung
försäljare -n u [fœ'ʂɛlːjarə]	der, die Verkäufer, Verkäuferin
att **försöka** [fœ'ʂøːka]	versuchen
förtvivlad [fœ'ʈviːvlad]	verzweifelt
förvirrad [fœr'vɪrːad]	verwirrt
föräldraledighet -en u [fœ'rɛlːdraleːdɪgˌheːt]	die Elternzeit

föräldrar -na u [fœˈrɛlːdrar] .... die Eltern
att **förälska sig** [fœrˈɛlːska sɛj] .... sich verlieben
förälskad [fœrˈɛlːskad] .... verliebt

Gg

gaffel -n u [ˈgafːɛl] .... die Gabel
galen [ˈgɑːlɛn] .... verrückt
galge -n u [ˈgalːjɛ] .... der Kleiderbügel
gammal [ˈgamːal] .... alt
ganska [ˈganːska] .... ziemlich
garage -t n [gaˈrɑːʂ] .... die Garage
garderob -en u [gaɖɛˈroːb] .... der Kleiderschrank
gardin -en u [gaˈɖiːn] .... der Vorhang
gas -en u [gɑːs] .... das Gas
gaspedal -en u [ˈgɑːspɛˌdɑːl] .... das Gaspedal
gata -n u [ˈgɑːta] .... die Straße
att **ge** [jeː] .... geben
att **ge besked** [ˌjeː beˈʂeːd] .... Bescheid geben
gem -et n [geːm] .... die Büroklammer
genast [ˈjeːnast] .... sofort
genom [ˈjeːnɔm] .... durch
genom det [ˈjeːnɔmˌdeː] .... dadurch
geografi -n u [jeʊgraˈfiː] .... die Erdkunde
get -en u [jeːt] .... die Ziege
geting -en u [ˈjeːtɪŋ] .... die Wespe
gift -et n [jɪfːt] .... das Gift
gift [jɪfːt] .... verheiratet
det **gifta paret** n [ˈjɪfːta ˈpɑːrɛt] .... das Ehepaar
att **gifta sig** [ˈjɪfːta sɛj] .... heiraten

G

att **gilla** [ˈjɪl:a] ... mögen
giraff -en u [ʂɪˈraf:] ... die Giraffe
girokonto -t n [ˈji:ʊˌkɔn:tʊ] ... das Girokonto
gitarr -en u [jɪˈtar:] ... die Gitarre
glad [glɑ:d] ... froh
glas -et n [glɑ:s] ... das Glas
glass -en u [glas:] ... die Eiscreme
glasögon -en u [ˈglɑ:sˌø:gɔn] ... die Brille
gluten -et n [ˈglʉ:tɛn] ... das Gluten
glutenfri [ˈglʉ:tɛnˌfri:] ... glutenfrei
att **glädja sig** [ˈglɛ:dja sɛj] ... sich freuen
glädje -n u [ˈglɛ:djə] ... die Freude
glödlampa -n u [ˈglø:dˌlam:pa] ... die Glühbirne
glögg -en u [glœg:] ... schwedischer Glühwein
att **glömma** [ˈglœm:a] ... vergessen
god [gu:d] ... gut
godis -et n [ˈgu:dɪs] ... die Süßigkeiten
golf -en u [gɔl:f] ... das Golf
golfklubba -n u [ˈgɔl:fˌklɵb:a] ... der Golfschläger
golv -et n [gɔl:v] ... der Fußboden
gorilla -n u [gʊˈrɪl:a] ... der Gorilla
grad -en u [grɑ:d] ... der/das Grad
gram -met n [gram:] ... das Gramm
granne -n u [ˈgran:ɛ] ... der, die Nachbar, Nachbarin
grapefrukt -en u [ˈgreɪ:pfrɵkt] ... die Grapefruit
gratis [ˈgrɑ:tɪs] ... kostenlos
gratulationskort -et n [gratɵlaˈʂu:nskʊʈ] ... die Grußkarte
grav -en u [grɑ:v] ... das Grab
gravid [graˈvi:d] ... schwanger

graviditet -en u [gravɪdɪˈteːt] .... die Schwangerschaft
graviditetstest -et n [gravɪdɪˈteːtsˌtesːt] .... der Schwangerschaftstest
gren -en u [greːn] .... der Ast
att **grilla** [ˈgrɪlːa] .... grillen
gris -en u [griːs] .... das Schwein
groda -n u [ˈgruːda] .... der Frosch
grotta -n u [ˈgrɔtːa] .... die Höhle
grundskola -n u [ˈgrɵnːdˌskuːla] .... die Grundschule
grupp -en u [grɵpː] .... die Gruppe
gryta -n u [ˈgryːta] .... der Eintopf
grå [groː] .... grau
att **gråta** [ˈgroːta] .... weinen
grädde -n u [ˈgrɛdːɛ] .... die Sahne
gränd -en u [grɛnːd] .... die Gasse
gräsklippare -n u [ˈgrɛːsˌklɪpːarə] .... der Rasenmäher
gräslök -en u [ˈgrɛsːˌløːk] .... der Schnittlauch
gräsmatta -n u [ˈgrɛːsˌmatːa] .... der Rasen
grävling -en u [ˈgrɛvːlɪŋ] .... der Dachs
grävskopa -n u [ˈgrɛːvˌskuːpa] .... der Bagger
grön [grøːn] .... grün
grönsak -en u [ˈgrøːnsɑːk] .... das Gemüse
gud -en u [gʉːd] .... der Gott
gul [gʉːl] .... gelb
guld -et n [gɵlːd] .... das Gold
guldfisk -en u [ˈgɵlːdfɪsk] .... der Goldfisch
guldsmedsaffär -en u [ˈgɵlːdsmedsaˌfæːr] .... das Juweliergeschäft
gummi -t n [ˈgɵmːɪ] .... der/das Gummi
gummihandske -n u [ˈgɵmːɪˌhanːskɛ] .... der Gummihandschuh
gummistövel -n u [ˈgɵmɪˌstœvːɛl] .... der Gummistiefel

G

gunga -n u [ˈgɵŋ:a] die Schaukel
gungbräde -t n [ˈgɵŋ:ˌbrɛ:də] die Wippe
gurka -n u [ˈgɵr:ka] die Gurke
gym -met n [jʏm:] das Fitnessstudio
gymnasium -et n [jʏmˈnɑ:sɪɵm] das Gymnasium
gymnastik -en u [jʏmnaˈsti:k] das Turnen
gymnastiksko -n u [jʏmnaˈsti:kˌsku:] der Turnschuh
gynnsam [ˈjʏn:sam] günstig

G

att **gå** [go:] gehen
gågata -n u [ˈgo:gɑ:ta] die Fußgängerzone
gång -en u [gɔŋ:] der Gang
gångtunnel -n u [ˈgɔŋ:ˌtɵn:əl] die Unterführung
gångväg -en u [ˈgɔŋ:vɛg] der Gehweg
gård -en u [go:ɖ] der Hof
gås -en u [go:s] die Gans
gärna [ˈjæ:ɳa] gern(e)
gäst -en u [jɛs:t] der Gast
att **göra** [ˈjœ:ra] machen
att **göra** [ˈjœ:ra] tun
att **göra ont** [ˈjœ:ra ˌʊn:t] wehtun

Hh

att **ha** [hɑ:] haben
att **ha på sig** [ˌhɑ: ˈpo: sɛj] tragen
hagel -let n [ˈhɑ:gɛl] der Hagel
haka -n u [ˈhɑ:ka] das Kinn
hall -en u [hal:] der Flur
hall -en u [hal:] die Halle
hallon -et n [ˈhal:ɔn] die Himbeere

hals -en u [hal:s]	der Hals
halskedja -n u ['hal:s,ɕe:dja]	die Halskette
halstablett -en u ['hal:stab,lɛt:]	das/der Hustenbonbon
att **halta** ['hal:ta]	hinken
halv [hal:v]	halb
halvpension -en u ['hal:vpan,ʂu:n]	die Halbpension
hamburgare -n u ['ham:,bør:jarɛ]	der Hamburger
hammare -n u ['ham:arə]	der Hammer
hamn -en u [ham:n]	der Hafen
att **hamra** ['ham:ra]	hämmern
han [han:]	er
hand -en u [han:d]	die Hand
handbagage -t n ['han:dba,gɑ:ʂ]	das Handgepäck
handboll -en u ['han:d,bɔl:]	der Handball
handbroms -en u ['han:d,brɔm:s]	die Handbremse
handduk -en u ['handʉ:k]	das Handtuch
handfat -et n ['han:d,fɑ:t]	das Waschbecken
handikapp -et n ['han:dɪkap]	die Behinderung
handikappad ['han:dɪkapad]	behindert
att **handla** ['han:dla]	einkaufen
handled -en u ['han:d,le:d]	das Handgelenk
handske -n u ['han:skɛ]	der Handschuh
handväska -n u ['han:d,vɛs:ka]	die Handtasche
hans [han:s]	seine(r, s), sein(e)
hantverkare -n u ['han:t,vær:karə]	der, die Handwerker, Handwerkerin
har [hɑ:r]	habe, habt, hast, hat
hasselnöt -en u ['has:əl,nø:t]	die Haselnuss
hastighet -en u ['has:tɪghe:t]	die Geschwindigkeit
att **hata** ['hɑ:ta]	hassen

H

H

hatt -en u [hat:]	der Hut
hav -et n [hɑ:v]	das Meer
havre -t n ['hɑ:vrɛ]	der Hafer
Hej då! [hɛj'do:]	tschüss!
Hej! [hɛj:]	hallo!
hel [he:l]	ganz
hela ['he:la]	ganze(r, s)
helg -en u [hɛl:j]	das Wochenende
helgdag -en u ['hɛlj,dɑ:]	der Feiertag
helikopter -n u [hɛlɪ'kɔp:tər]	der Hubschrauber
helpension -en u ['he:lpan,ʂu:n]	die Vollpension
heltidsarbete -t n ['he:lti:dsar,be:tə]	die Vollzeit
heltäckningsmatta -n u ['he:ltɛknɪŋs,mat:a]	der Teppichboden
hem -met n [hɛm:]	das Wohnheim
hem -met n [hɛm:]	das Zuhause
hemma ['hɛm:a]	zu Hause
henne ['hɛn:ɛ]	ihr
hennes ['hɛn:ɛs]	ihre(r, s)
Herr... [hær:]	Herr ...
herre -n u ['hær:ɛ]	der Herr
het [he:t]	heiß
att **heta** ['he:ta]	heißen
himmel -len u ['hɪm:ɛl]	der Himmel
hiss -en u [hɪs:]	der Fahrstuhl
historia -n u [hɪs'tu:rja]	die Geschichte
hiv ['ho:i:ve:]	das HIV
hjortron -et n ['jʊ(rɔn]	die Moltebeere
hjul -et n [jʉ:l]	das Rad
hjälm -en u [jɛl:m]	der Helm
Hjälp! [jɛl:p]	Hilfe!

att **hjälpa** [ˈjɛlːpa]	helfen
hjärna -n u [ˈjæːɳa]	das Gehirn
hjärnhinneinflammation -en u [ˈjæːɳhɪnəɪnflamaˌʂuːn]	die Hirnhautentzündung
hjärta -t n [ˈjæʈːa]	das Herz
hjärtinfarkt -en u [ˈjæʈːɪnˌfarːkt]	der Herzinfarkt
hobby -n u [ˈhobːi]	das Hobby
hon [hʊnː]	sie
honom [ˈhɔnːɔm]	ihn, ihm
honung -en u [ˈhoːnɵŋ]	der Honig
hopp -et n [hɔpː]	die Hoffnung
att **hoppas** [ˈhɔpːas]	hoffen
hos [hoːs]	bei
att **hosta** [ˈhʊsːta]	husten
hostmedicin -en u [ˈhʊstmɛdɪˌsiːn]	der Hustensaft
hotell -et n [hʊˈtɛl]	das Hotel
hov -en u [huːv]	der Huf
hud -en u [hʉːd]	die Haut
hudutslag -et n [ˈhʉːdʉːtˌslɑːg]	der Hautausschlag
humla -n u [ˈhɵmːla]	die Hummel
hummer -n u [ˈhɵmːər]	der Hummer
hund -en u [hɵnːd]	der Hund
hundra [ˈhɵnːdra]	hundert
hunger -n u [ˈhɵŋːər]	der Hunger
hungrig [ˈhɵŋːrɪg]	hungrig
hur [ˈhʉːr]	wie
hus -et n [hʉːs]	das Haus
husvagn -en u [ˈhʉːsˌvaŋːn]	der Wohnwagen
huvud -et n [ˈhʏvːɵd]	der Kopf
huvudkudde -n u [ˈhʏvːɵˌkɵdːɛ]	das Kopfkissen
huvudsallad -en u [ˈhʏvːɵˌsalːad]	der Kopfsalat

H

huvudstad -en u ['hʏvːɵˌstɑːd]	die Hauptstadt
hyra -n u ['hyːra]	die Miete
att **hyra** ['hyːra]	mieten
att **hyra ut** [ˌhyːra 'ʉːt]	vermieten
hyresgäst -en u ['hyːrɛsˌjɛsːt]	der, die Mieter, Mieterin
hyreshus -et n ['hyːrəsˌhʉːs]	der Wohnblock
hyresrätt -en u ['hyːrɛsˌrɛtː]	die Mietwohnung
hyresvärd -en u ['hyːrɛsˌvæːɖ]	der, die Vermieter, Vermieterin
hål -et n [hoːl]	das Loch
att **hålla** ['hɔlːa]	halten
hållplats -en u ['hɔlːˌplatːs]	die Haltestelle
hår -et n [hoːr]	das Haar
hårborste -n u ['hoːrˌbɔʂːtə]	die Haarbürste
hård [hoːɖ]	hart
hårddisk -en u ['hoːɖɪsk]	die Festplatte
hårsnodd -en u ['hoːʂnʊd]	der/das Haargummi
hårtork -en u ['hoːʈɔrk]	der Föhn
häck -en u [hɛkː]	die Hecke
häl -en u [hɛːl]	die Ferse
hälft -en u [hɛlːft]	die Hälfte
hälsa -n u ['hɛlːsa]	die Gesundheit
att **hälsa** ['hɛlːsa]	grüßen
hälsning -en u ['hɛlːsnɪŋ]	der Gruß
att **hämta** ['hɛmːta]	abholen
att **hända** ['hɛnːda]	passieren
händelse -n u ['hɛnːdɛlsə]	das Ereignis
här [hæːr]	hier
häst -en u [hɛsːt]	das Pferd

höft -en u [hœfːt]	die Hüfte
hög [høːg]	hoch
höger [ˈhøːgər]	rechte(r, s)
höghus -et n [ˈhøːgˌhʉːs]	das Hochhaus
högljudd [ˈhøːgjɵd]	laut
högskola -n u [ˈhøːgˌskuːla]	die Hochschule
högtalare -n u [ˈhøːgˌtɑːlarə]	der Lautsprecher
höna -n u [ˈhøːna]	das Huhn
att **höra** [ˈhœːra]	hören
hörapparat -en u [ˈhœːrapaˌrɑːt]	das Hörgerät
hörlurar -na u [ˈhœːrˌlʉːrar]	der Kopfhörer
hörn -et n [hœːɳ]	die Ecke
hösnuva -n u [ˈhøːˌsnʉːva]	der Heuschnupfen
höst -en u [hœsːt]	der Herbst
hövlig [ˈhøːvlɪg]	höflich

I i

i [iː]	in
i förrgår [ɪˈfœrˌgoːr]	vorgestern
i stället för [ɪˈstɛlːətˌfœːr]	statt
i övermorgon [ɪˈøːvərˌmɔrːɔn]	übermorgen
IBAN [ɪˈbɑːn]	die IBAN
ibland [ɪˈblanːd]	manchmal
idag [ɪˈdɑː]	heute
idé -n u [ɪˈdeː]	die Idee
identitetskort -et n [ɪdɛntɪˈteːtsˌkuʈː]	der Ausweis
idrott -en u [ˈiːdrɔt]	der Sport
idrottsgren -en u [ˈiːdrɔtsˌgreːn]	die Sportart

idrottshall -en u [ˈiːdrɔtsˌhalː] .... die Sporthalle
idrottsplats -en u [ˈiːdrɔtsˌplatːs] .... der Sportplatz
ifall [ɪˈfalː] .... falls
igelkott -en u [ˈiːgɛlkɔt] .... der Igel
igen [ɪˈjɛnː] .... wieder
igår [ɪˈgoːr] .... gestern
illa [ˈɪlːa] .... übel
illamående -t n [ˈɪlːaˌmoːɛndɛ] .... die Übelkeit
ilsken [ˈɪlːskɛn] .... wütend
imorgon [ɪˈmɔrːɔn] .... morgen

I

inbjudan u [ˈɪnːˌbjʉːdan] .... die Einladung
inbrott -et n [ˈɪnːˌbrɔtː] .... der Einbruch
incheckningsautomat -en u [ˈɪnːɕɛknɪŋsatʊˌmɑːt] .... der Check-in-Automat
incheckningsdisk -en u [ˈɪnːɕɛknɪŋsˌdɪsːk] .... der Check-in-Schalter
index -et n [ˈɪnːdɛks] .... der Index
industri -n u [ɪndəstˈriː] .... die Industrie
infart -en u [ˈɪnːˌfɑːʈ] .... die Einfahrt
infektion -en u [ɪnfɛkˈʂuːn] .... der Infekt
inflammation -en u [ɪnflamaˈʂuːn] .... die Entzündung
influensa -n u [ɪnfləˈɛnːsa] .... die Grippe
information -en u [ɪnfɔrmaˈʂuːn] .... die Information
ingefära -n u [ɪŋɛˈfæːra] .... der Ingwer
ingen [ˈɪŋːɛn] .... niemand
ingen (t, a) [ˈɪŋːɛn] .... kein(e), kein(e, r)
ingenjör -en u [ɪnʂɛnˈjœːr] .... der, die Ingenieur, Ingenieurin
ingenting [ˈɪŋːɛntɪŋ] .... nichts
ingång -en u [ˈɪŋːgɔŋ] .... der Eingang

inhalator -n u [ɪnhaˈlɑːtʊr] .... der Inhalator
inkompetent [ɪŋkɔmpəˈtɛnːt] .... unfähig
inköp -et n [ˈɪnːɕøːp] .... der Einkauf
inköpsvagn -en u [ˈɪnːɕœpsˌvaŋːn] .... der Einkaufswagen
inlineskridskoåkning -n u
[ˈɪnːlajnskrɪskʊˌoːknɪŋ] .... das Inlineskaten
innan [ˈɪnːan] .... bevor
inne [ˈɪnːɛ] .... drinnen
innebandy -n u [ˈɪnːɛˌbanːdʏ] .... das Unihockey
innerstad -en u [ˈɪnːəʂˈtɑːd] .... die Innenstadt
inom [ˈɪnːɔm] .... innerhalb
inre [ˈɪnːrə] .... innere(r, s)
insekt -en u [ˈɪnːsɛkt] .... das Insekt
insektsbett -et n [ˈɪnːsɛktsˌbɛtː] .... der Insektenstich
att **installera** [ɪnstaˈleːra] .... installieren
inte [ˈɪnːtɛ] .... nicht
intelligent [ɪntɛlɪˈgɛnːt] .... intelligent
intern [ɪnˈtæːɳ] .... intern
internationell [ɪntæɳatʂʊˈnɛlː] .... international
internet [ɪntərˈnɛtː] .... das Internet
internetbank -en u [ˈɪntəɳɛtˌbaŋːk] .... das Onlinebanking
intolerant [ɪntɔlɛˈranːt] .... intolerant
intressant [ɪntrɛˈsanːt] .... interessant
intrument -et n [ɪnstrəˈmɛnːt] .... das Instrument
inuti [ˈɪnːɵtɪ] .... innen
is -en u [iːs] .... das Eis
isbjörn -en u [ˈiːsbjœːɳ] .... der Eisbär
ishockey -n u [ˈiːshɔkɪ] .... das Eishockey
iste -t n [ˈiːsteː] .... der Eistee

I

Jj

ja [jɑ:] — ja
jacka -n u [ˈjak:a] — die Jacke
jag [jɑ:g] — ich
jag är ledsen! [ˌjɑ: e: ˈle:s:ən] — tut mir leid!
januari [janeˈɑ:rɪ] — der Januar
jeans -en u [ji:ns] — die Jeans
att **jobba** [ˈjɔb:a] — arbeiten
jobbannons -en u [ˈjɔb:aˌnɔn:s] — die Stellenanzeige
att **jogga** [ˈjɔg:a] — joggen
jord -en u [ju:ɖ] — die Erde
jordbävning -en u [ˈju:ɖˌbɛ:vnɪŋ] — das Erdbeben
jordgubbe -n u [ˈju:ɖˌgɵb:ə] — die Erdbeere
jordning -en u [ˈju:ɖnɪŋ] — die Erdung
jordnöt -en u [ˈju:ɖnø:t] — die Erdnuss
jordskred -et n [ˈju:ɖˌskre:d] — der Erdrutsch
jourläkare -n u [ˈʂu:ˌlɛ:karə] — der, die Notarzt, Notärztin
jul -en u [jʉ:l] — das Weihnachten
juli [ˈjʉ:lɪ] — der Juli
juni [ˈjʉ:nɪ] — der Juni
jämn [jɛm:n] — glatt
järnväg -en u [ˈjæ:ɳˌvɛ:g] — die Bahn
järnvägsspår -et n [ˈjæɳvɛgˌspo:r] — das Gleis
järnvägsstation -en u [ˈjæ:ɳvɛ:gstaˈʂu:n] — der Bahnhof
jäst -en u [jɛs:t] — die Hefe

Kk

kafé -et n [ka'fe:]	das **Café**
kaffe -t n ['kaf:ɛ]	der **Kaffee**
kaka -n u ['kɑ:ka]	der **Kuchen**
kalkon -en u [kal'ku:n]	die **Pute**
kalkon -en u [kal'ku:n]	der **Truthahn**
kall [kal:]	**kalt**
att **kalla** ['kal:a]	**nennen**
kalorier -na u [kalo'ri:ər]	die **Kalorien**
kalsonger -na u [kal:'sɔŋ:ər]	die **Unterhose**
kalvkött -et n ['kal:vˌɕœt:]	das **Kalbfleisch**
kam -men u [kam:]	der **Kamm**
kamel -en u [ka'me:l]	das **Kamel**
kamera -n u ['kɑ:məra]	die **Kamera**
kamp -en u [kam:p]	der **Kampf**
kanal -en u [ka'nɑ:l]	der **Kanal**
kanel -en u [ka'ne:l]	der **Zimt**
kanelbulle -n u [ka'ne:lˌbɵl:ɛ]	die **Zimtschnecke**
kanin -en u [ka'ni:n]	das **Kaninchen**
kanske ['kan:ʂɛ]	**vielleicht**
kapitel -let n [ka'pɪt:ɛl]	das **Kapitel**
kappa -n u ['kap:a]	der **Mantel**
kapuschong -en u [kapɵ'ʂɔŋ:]	die **Kapuze**
karamell -en u [kara'mɛl:]	das/der **Bonbon**
karies u ['kɑ:rjɛs]	die **Karies**
karneval -en u [kaɳɛ'vɑ:l]	der **Karneval**
karriär -en u [karɪ'æ:r]	die **Karriere**
karta -n u ['kɑ:ʈa]	der **Stadtplan**

kartong -en u [ka'ţɔŋ:] .... der Karton
kassa -n u ['kas:a] .... die Kasse
kassör, kassörska -en, -n u [ka'sœ:r, ka'sœ:şka] .... der, die Kassierer, Kassiererin
att **kasta** ['kas:ta] .... werfen
kastanj -en u [ka'stan:j] .... die Kastanie
kastrull -en u [kas'trəl:] .... der Kochtopf
katt -en u [kat:] .... die Katze
kedja -n u ['çe:dja] .... die Kette
kejsarsnitt -et n ['çɛj:saşnɪt] .... der Kaiserschnitt
kex -et n [kɛk:s] .... der Keks
kille -n u ['kɪl:ɛ] .... der junger Mann/ Partner

K

kilogram -met n ['çi:lu,gram:] .... das Kilogramm
kilometer -n u ['çi:lu,me:tər] .... der Kilometer
kind -en u ['çɪn:d] .... die Wange
kiosk -en u [çɔs:k] .... der Kiosk
kirurg -en u [çɪ'rərg] .... der, die Chirurg, Chirurgin
kjol -en u [çu:l] .... der Rock
att **klaga** ['klɑ:ga] .... sich beschweren
klar [klɑ:r] .... klar
klass -en u [klas:] .... die Klasse
klippa -n u ['klɪp:a] .... der Felsen
klister -ret n ['klɪs:tər] .... der Klebstoff
klocka -n u ['klɔk:a] .... die Uhr
klockan... ['klɔk:an...] .... Uhr
klok [klu:k] .... klug
kläder -na n ['klɛd:ər] .... die Kleidung
klänning -en u ['klɛn:ɪŋ] .... das Kleid
att **klättra** ['klɛt:ra] .... klettern

att **knacka** ['knak:a]	klopfen
knapp -en u [knap:]	der Knopf
knappt [knap:t]	kaum
knaprig ['knɑ:prɪg]	knackig
kniv -en u [kni:v]	das Messer
knoge -n u ['knu:gɛ]	der Fingerknöchel
knä -t n [knɛ:]	das Knie
ko -n u [ku:]	die Kuh
kock -en u [kɔk:]	der, die Koch, Köchin
kofta -n u ['kɔf:ta]	die Strickjacke
kokosnöt -en u ['kʊk:ʊs,nø:t]	die Kokosnuss
kokt [kʊk:t]	gekocht
kol -et n [ko:l]	die Kohle
kolesterol -et n [kɔlɛstɛ'ro:l]	das Cholesterin
kollega -n u [kʊ'le:ga]	der, die Kollege, Kollegin
kolsyra -n u ['ko:l,sy:ra]	die Kohlensäure
koma -t n ['ko:ma]	das Koma
komedi -n u [kɔmɛ'di:]	die Komödie
att **komma** ['kɔm:a]	kommen
att **komma fram** [,kɔm:a 'fram:]	ankommen
att **komma tillbaka** ['kɔm:a tɪl,bɑ:ka]	zurückkommen
kommunikation -en u [kɔmʏnika'ʂu:n]	die Kommunikation
att **koncentrera sig** [kɔnsɛn'tre:ra sɛj]	sich konzentrieren
konditori -et n [kɔndɪtʊ'ri:]	die Konditorei
kondom -en u [kɔn'do:m]	das Kondom
konduktör -en u [kɔndək'tœ:r]	der, die Schaffner, Schaffnerin
konsert -en u [kɔn'sæ:r]	das Konzert

K

konserv -en u [kɔn'sæ:v] .... die Dose
konservöppnare -n u [kɔn'sæ:v,œp:narə] .... der Dosenöffner
konst -en u [kɔn:st] .... die Kunst
konstig ['kɔn:stɪg] .... komisch
kontakt -en u [kɔn'tak:t] .... der Stecker
kontaktlins -en u [kɔn'tak:tlɪns] .... die Kontaktlinse
kontanter -na u [kɔn'tan:tər] .... das Bargeld
kontantkort -et n [kɔn'tan:t,kʊʈ:] .... die EC-Karte
kontantkort -et n [kɔn'tan:t,kʊʈ:] .... die Prepaidkarte
kontinent -en u [kɔntɪ'nɛnt] .... der Kontinent
konto -t n ['kɔn:tʊ] .... das Konto

K

kontonummer -ret n ['kɔn:tʊ,nɵm:ər] .... die Kontonummer
kontor -et n [kɔn'tu:r] .... das Büro
kontroll av bagage u/n [kɔn'trɔl: ɑv ba'gɑ:ʂ] .... die Gepäckkontrolle
att **kontrollera** [kɔntrʊ'le:ra] .... kontrollieren
att **kopiera** [kɔpɪ'e:ra] .... kopieren
kopp -en u [kɔp:] .... die Tasse
koppling -en u ['kɔp:lɪŋ:] .... die Kupplung
korg -en u [kɔr:j] .... der Korb
korkskruv -en u ['kɔr:k,skrʉ:v] .... der Korkenzieher
korn -et n [ku:ɳ] .... die Gerste
korsning -en u ['kɔʂ:nɪŋ] .... die Kreuzung
kort -et n [kʊʈ:] .... die Karte
kort [kɔʈ:] .... kurz
korv -en u [kɔr:v] .... die Wurst
att **kosta** ['kɔs:ta] .... kosten
kostnad -en u ['kɔs:tnad] .... die Kosten
kostym -en u [kʊ'sty:m] .... der Anzug

krabba -n u ['krab:a]	der Krebs
kraft -en u [kraf:t]	die Kraft
kraftig ['kraf:tɪg]	kräftig
krage -n u ['krɑ:gɛ]	der Kragen
kram -en u [krɑ:m]	die Umarmung
att **kramas** ['krɑ:mas]	sich umarmen
kramp -en u [kram:p]	der Krampf
kranvatten -net n ['krɑ:nˌvat:ən]	das Leitungswasser
kreativ ['kre:ati:v]	kreativ
kreditkort -et n [krɛ'di:tˌkʊʈ:]	die Kreditkarte
krig -et n [kri:g]	der Krieg
kringla -n u ['krɪŋ:la]	die Brezel
krita -n u ['kri:ta]	die Kreide
krog -en u [kru:g]	die Kneipe
krokus -en u ['kru:kɵs]	der Krokus
krona -n u ['kru:na]	die Krone (Währung, Geld)
kronärtskocka -n u ['kru:næʈsˌkɔk:a]	die Artischocke
kropp -en u [krɔp:]	der Körper
krycka -n u ['krʏk:a]	die Krücke
krydda -n u ['krʏd:a]	das Gewürz
kräfta -n u ['krɛf:ta]	der Flusskrebs
kräftskiva -n u ['krɛf:tˌɧi:va]	das Flusskrebsfest
kudde -n u ['kɵd:ə]	das Kissen
kula -n u ['kʉ:la]	die Kugel
kulle -n u ['kɵl:ə]	der Hügel
kulspetspenna -n u ['kʉ:lspetsˌpɛn:a]	der Kugelschreiber
kund -en u [kɵn:d]	der, die Kunde, Kundin

kung -en u [kɵŋ:]	der König
att **kunna** ['kɵn:a]	können
kurs -en u [kɵʂ:]	der Kurs
kurva -n u ['kɵr:va]	die Kurve
kusin -en u [kɵ'si:n]	der, die Cousin, Cousine
kust -en u [kɵs:t]	die Küste
kuvert -et n [kʏ'væ:r]	der Umschlag
kvalifikation -en u [kvalɪfɪka'ʂu:n]	die Qualifikation
kvalitet -en u [kvalɪ'te:]	die Qualität
kvarg -en u [kvar:j]	der Quark
kvartersbutik -en u [kva'ʈe:ʂbyˌti:k]	der Tante-Emma-Laden
kvinna -n u ['kvɪn:a]	die Frau
kvinnlig ['kvɪn:lɪg]	weiblich
kväll -en u [kvɛl:]	der Abend
kyckling -en u ['ɕʏk:lɪŋ]	das Hähnchen
kylig ['ɕy:lɪg]	kühl
kylskåp -et n ['ɕy:lˌsko:p]	der Kühlschrank
kyrka -n u ['ɕʏr:ka]	die Kirche
kyrkogård -en u ['ɕʏr:koˌgoɖ:]	der Friedhof
kyss -en u [ɕʏs:]	der Kuss
att **kyssa** ['ɕʏs:a]	küssen
kårabbi -n u ['ko:lˌrab:ɪ]	der Kohlrabi
käke -n u ['ɕɛ:kɛ]	der Kiefer
källare -n u ['ɕɛl:arə]	der Keller
att **kämpa** ['ɕɛm:pa]	kämpfen
känguru -n u ['ɕɛŋ:grɵ]	das Känguru
att **känna** ['ɕɛn:a]	kennen
att **känna igen** [ˌɕɛn:a ɪ'jɛn:]	erkennen
att **känna sig** ['ɕɛn:a sɛj]	sich fühlen

K

känsla -n u [ˈçɛnːsla] .... das Gefühl
känslig [ˈçɛnːslɪg] .... empfindlich
kära(e) [ˈçæːra] .... liebe(r, s)
kärlek -en u [ˈçæːɭeːk] .... die Liebe
kök -et n [çœːk] .... die Küche
kökshandduk -en u [ˈçœkshanˌdʉːk] .... das Geschirrtuch
kön -et n [çøːn] .... das Geschlecht
att **köpa** [ˈçøːpa] .... kaufen
köpcentrum -et n [ˈçøːpˌsɛnːtrɵm] .... das Einkaufszentrum
kör -en u [kœːr] .... der Chor
att **köra** [ˈçœːra] .... fahren
körkort -et n [ˈçœːrkoʈ] .... der Führerschein
körsbär -et n [ˈçœʂːˌbæːr] .... die Kirsche
kött -et n [çœtː] .... das Fleisch
köttbulle -n u [ˈçœtːˌbɵlːɛ] .... das Hackbällchen
köttfärs -en u [ˈçœtːfæʂ] .... das Hackfleisch

L

Ll

laboratorium -et n [labʊraˈtuːrjɵm] .... das Labor
laddare -n u [ˈladːarə] .... das Ladegerät
lag -et n [lɑːg] .... die Mannschaft
lag -en u [lɑːg] .... das Gesetz
att **laga mat** [ˈlɑːga ˌmɑːt] .... kochen
lagom [ˈlɑːgɔm] .... genau richtig
laktosfri [lakˈtoːsˌfriː] .... laktosefrei
lammkött -et n [ˈlamːçœt] .... das Lammfleisch
lampa -n u [ˈlamːpa] .... die Lampe
land -et n [lanːd] .... das Land

att landa [ˈlanːda] .... landen
landskap -et n [ˈlanːdˌskɑːp] .... die Landschaft
lantbrukare -n u [ˈlanːtˌbrʉːkarə] .... der, die Landwirt, Landwirtin
larmnummer -ret n [ˈlarːmˌnɵmːər] .... die Notrufnummer
larv -en u [larːv] .... die Raupe
lastbil -en u [ˈlasːtˌbiːl] .... der Lkw
lat [lɑːt] .... faul
lavin -en u [laˈviːn] .... die Lawine
lax -en u [lakːs] .... der Lachs
att le [leː] .... lächeln
ledning -en u [ˈleːdnɪŋ] .... die Leitung
ledsen [ˈlɛsːɛn] .... traurig
lejon -et n [ˈlɛjːɔn] .... der Löwe
lekplats -en u [ˈleːkplats] .... der Spielplatz
leksak -en u [ˈleːksɑːk] .... das Spielzeug
att leva [ˈleːva] .... leben
det **levande ljuset** n [ˈleːvandɛ ˈjʉːsɛt] .... die Kerze
lever -n u [ˈleːvər] .... die Leber
att leverera [lɛvɛˈreːra] .... liefern
lexikon -et n [ˈlɛkːsɪkɔn] .... das Wörterbuch
att ligga [ˈlɪgːa] .... liegen
lik [liːk] .... gleich
lime -n u [laɪm] .... die Limette
lingon -et n [ˈlɪŋːɔn] .... die Preiselbeere
lingonsylt -en u [ˈlɪŋːɔnˌsʏlːt] .... die Preiselbeermarmelade
linjal -en u [lɪnˈjɑːl] .... das Lineal
linje -n u [ˈlɪnːjɛ] .... die Linie

lins -en u [lɪnːs] .... das Brillenglas
lins -en u [lɪnːs] .... die Linse
lista -n u ['lɪsːta] .... die Liste
lite ['liːtɛ] .... wenig
lite grand ['liːtə ˌgranː] .... bisschen
liten ['liːtɛn] .... klein
liter -n u ['liːtər] .... der/das Liter
liv -et n [liːv] .... das Leben
livboj -en u ['liːvˌbɔjː] .... der Rettungsring
livbåt -en u ['liːvˌboːt] .... das Rettungsboot
livmoder -n u ['liːvmuːdər] .... die Gebärmutter
livsmedel -let n ['lɪfːsmeːdəl] .... das Lebensmittel
ljud -et n [jʉːd] .... das Geräusch
att **ljuga** ['jʉːga] .... lügen
ljus [jʉːs] .... hell
ljus -et n [jʉːs] .... das Licht
lock -et n [lɔkː] .... der Deckel
lomhörd ['luːmhœːɖ] .... schwerhörig
loppa -n u ['lɔpːa] .... der Floh
lov -et n [loːv] .... die Ferien
att **lova** ['loːva] .... versprechen
luft -en u [lɵfːt] .... die Luft
luftkonditionering -en u
['lɵfːtkɔndɪʂoˌneːrɪŋ] .... die Klimaanlage
lugn [lɵŋːn] .... ruhig
att **lugna sig** ['lɵŋːna sɛj] .... sich beruhigen
lukt -en u [lɵkːt] .... der Geruch
att **lukta** ['lɵkːta] .... riechen
lunch -en u [lɵnːʂ] .... das Mittagessen
lunga -n u ['lɵŋːa] .... die Lunge
lupp -en u [lɵpː] .... die Lupe

lycka -n u ['lʏk:a] ... das Glück
lycklig ['lʏk:lɪg] ... glücklich
lyckönskan u ['lʏk:œnskan] ... der Glückwunsch
att **lyfta** ['lʏf:ta] ... heben
att **lyssna** [lʏs:na] ... zuhören
låda -n u ['lo:da] ... die Schublade
lån -et n [lo:n] ... das Darlehen
att **låna** ['lo:na] ... leihen
att **låna ut** [ˌlo:na 'ʉ:t] ... ausleihen
lång [lɔŋ:] ... lang
långsam ['lɔŋ:sam] ... langsam
långt [lɔŋ:t] ... weit
lår -et n [lo:r] ... der Schenkel
att **låta** ['lo:ta] ... lassen
läcker ['lɛk:ər] ... lecker
läder -ret n ['lɛ:dər] ... das Leder
lägenhet -en u ['lɛ:gɛnˌhe:t] ... die Wohnung
att **lägga** ['lɛg:a] ... legen
att **lägga sig ned** ['lɛg:a sɛj ˌne:] ... sich hinlegen
läkare -n u ['lɛ:karɛ] ... der, die Arzt, Ärztin
att **lämna** ['lɛm:na] ... verlassen
läpp -en u [lɛp:] ... die Lippe
läppstift -et n ['lɛp:stɪft] ... der Lippenstift
lära -n u ['læ:ra] ... die Lehre
att **lära sig** ['læ:ra sɛj] ... lernen
lärare -n u ['læ:rarə] ... der, die Lehrer, Lehrerin
lärling -en u ['læ:ɭɪŋ] ... der/die Auszubildende
att **läsa** ['lɛ:sa] ... lesen
läskedryck -en u ['lɛs:kəˌdrʏk:] ... die Limonade

lätt [lɛt:] ... leicht
lättöl -en u/n ['lɛt:ø:l] ... Leichtbier
läxa -n u ['lɛk:sa] ... die Hausaufgabe
lögn -en u [lœŋ:n] ... die Lüge
lök -en u [lø:k] ... die Zwiebel
lön -en u [lø:n] ... das Gehalt
lördag -en u ['lœ:ɖa] ... der Samstag
löv -et n [lø:v] ... das Laub

Mm

madrass -en u [mad'ras:] ... die Matratze
mage -n u ['mɑ:gɛ] ... der Magen
magnet -en u [maŋ'ne:t] ... der Magnet
maj [maj:] ... der Mai
majonnäs -en u [majo'nɛ:s] ... die Mayonnaise
majrova -n u ['maj,ru:va] ... die Rübe
majs -en u [maj:s] ... der Mais
mamma -n u ['mam:a] ... die Mama
man -nen u [man:] ... der Ehemann
man [man:] ... man
man -nen u [man:] ... der Mann
mandel -n u ['man:dɛl] ... die Mandel
manlig ['man:lɪg] ... männlich
mardröm -men u ['mɑ:ɖrøm] ... der Albtraum
margarin -et n [marga'ri:n] ... die Margarine
mark -en u [mar:k] ... der Boden
marknad -en u ['mar:knad] ... der Markt
markör -en u [mar'kœ:r] ... der Mauszeiger

mars [maʂ:]	der März
marsvin -et n [ˈmɑ:ʂvi:n]	das Meerschweinchen
mask -en u [mas:k]	der Wurm
maskin -en u [maˈʂi:n]	die Maschine
mat -en u [mɑ:t]	das Essen
att **mata** [ˈmɑ:ta]	füttern
matbord -et n [ˈmɑ:tˌbu:ɖ]	der Esstisch
matematik -en u [matəmaˈti:k]	die Mathematik
matrum -met n [ˈmɑ:tˌrɵm:]	das Esszimmer
maträtt -en u [ˈmɑ:trɛt]	das Gericht
matsmältning -en u [ˈmɑ:tˌsmɛl:tnɪŋ]	die Verdauung
matta -n u [ˈmat:a]	der Teppich
med [me:d]	mit
med den [ˈme:den]	dabei
med den [ˈme:den]	damit
medan [ˈme:dan]	während
meddelande -t n [ˈme:de:landə]	die Nachricht
media -erna n [ˈme:dja]	die Medien
medicin -en u [mɛdɪˈsi:n]	das Medikament
medicin -en u [mɛdɪˈsi:n]	die Medizin
medvetande -t n [ˈme:dve:tandə]	das Bewusstsein
medvetslös [ˈme:dvətsˌlø:s]	bewusstlos
medvetslöshet -en u [ˈme:dve:tslø:sˌhe:t]	die Ohnmacht
mejl -et n [mɛj:l]	die/das Mail
mekaniker -n u [mɛˈkɑ:nɪkər]	der, die Mechaniker, Mechanikerin
mellan [ˈmɛl:an]	zwischen
mellanstor [ˈmɛl:anstu:r]	mittelgroß

mellersta [ˈmɛlːæʂta] ... mittlere(r, s)
melon -en u [mɛˈluːn] ... die Melone
men [mɛnː] ... aber
mening -en u [ˈmeːnɪŋ] ... der Satz
mening -en u [ˈmeːnɪŋ] ... der Sinn
meny -n u [mɛˈnyː] ... die Speisekarte
mer [meːr] ... mehr
det **mesta** [ˈmɛsːta] ... meiste(n)
metall -en u [mɛˈtalː] ... das Metall
metalltråd -en u [mɛˈtːalˌtroːd] ... der Draht
meter -n u [ˈmeːtər] ... der/das Meter
middag -en u [ˈmɪdːa] ... das Abendessen
midnatt -en u [ˈmiːdnat] ... die Mitternacht
midsommar -en u [ˈmɪsːɔmar] ... der Mittsommer
mig [mɛjː] ... mich
mig [mɛjː] ... mir
migrän -en u [mɪˈgrɛːn] ... die Migräne
mikrovågsugn -en u
[ˈmɪkːrʊvoːgsˌɵŋːn] ... die Mikrowelle
mil -en u [miːl] ... zehn Kilometer
mild [mɪlːd] ... sanft
miljard -en u [mɪlˈjɑːɖ] ... die Milliarde
miljon -en u [mɪlˈjuːn] ... die Million
milliliter -n u [mɪlɪˈliːtər] ... der/das Milliliter
millimeter -n u [ˈmɪlːɪˌmeːtər] ... der/das Millimeter
min (tt, a) [mɪnː] ... mein(e), meine(r, s)
mineralvatten -net n
[mɪnəˈrɑːlˌvatːɛn] ... das Mineralwasser
miniräknare -n u [ˈmiːnɪˌrɛːknarɛ] ... der Taschenrechner
att **minnas** [ˈmɪnːas] ... sich erinnern

minne -t n [ˈmɪn:ɛ]	das Gedächtnis
minneskort -et n [ˈmɪn:ɛsˌkoʈ:]	die Speicherkarte
minut -en u [mɪˈnʉ:t]	die Minute
att **missa** [ˈmɪs:a]	verpassen
missfall -et n [ˈmɪs:fal]	die Fehlgeburt
mitt -en u [mɪt:]	die Mitte
mitt på dagen u [ˈmɪt pɔ ˈdɑ:n]	der Mittag
mittemot [mɪtɛˈmu:t]	gegenüber
mjuk [mjʉ:k]	weich
mjukvara -n u [ˈmjʉ:kˌvɑ:ra]	die Software
mjöl -et n [mjœ:l]	das Mehl
mjölk -en u [mjœl:k]	die Milch
mor -dern u [mu:r]	die Mutter
mobil [mʊˈbi:l]	mobil
mobiltelefon -en u [mʊˈbi:ltɛlɛˌfo:n]	das Handy
mode -t n [ˈmu:dɛ]	die Mode
moderiktig [ˈmu:dɛˌrɪk:tɪg]	modisch
modern [mʊˈdæɳ]	modern
mogen [ˈmu:gən]	reif
moln -et n [mo:ln]	die Wolke
molnig [ˈmɔl:nɪg]	wolkig
monument -et n [mɔnəˈmɛn:t]	das Denkmal
morbror -dern u [ˈmʊr:brʊr]	der Onkel (mütterlicherseits)
mord -et n [mu:ɖ:]	der Mord
morfar -dern u [ˈmʊr:far]	der Großvater (mütterlicherseits)
morföräldrar -na u [ˈmu:rfœˌrɛl:drar]	die Großeltern (mütterlicherseits)
morgon -en u [ˈmɔr:ɔn]	der Morgen

mormor -dern u [ˈmurːmor] ... die Großmutter (mütterlicherseits)
morot -en u [ˈmuːruːt] ... die Karotte
mos -et n [muːs] ... der Brei
moské -n u [mɔsˈkeː] ... die Moschee
moster -n u [ˈmusːtər] ... die Tante (mütterlicherseits)
mot [muːt] ... hin
mot [muːt] ... gegen
motor -n u [ˈmuːtur] ... der Motor
motor -n u [ˈmuːtur] ... das Triebwerk
motorcykel -n u [ˈmuːtuˌsʏkːɛl] ... das Motorrad
motorcykelhjälm -en u [ˈmuːtuʂʏkːɛlˌjɛlːm] ... der Motorradhelm
motorfordon -et n [ˈmuːturˌfuːɖun] ... das Kfz
motorstopp -et n [ˈmuːtuʂtɔp] ... die Panne
motorväg -en u [ˈmuːturˌvɛːg] ... die Autobahn
motorvägskorsning -en u [ˈmuːturvɛgsˌkɔʂːnɪŋ] ... das Autobahnkreuz
mottagningstid -en u [ˈmuːtɑːgnɪŋsˌtiːd] ... die Sprechstunde
mountainbike -n u [ˈmaʊnːtɪn baɪk] ... das Mountainbike
det **mousserande vita vinet** n [muˈseːrandə ˈviːta ˌviːnət] ... der Sekt
mp3-spelare -n u [ɛmpeˈtreːˌspeːlarə] ... der MP3-Player
mugg -en u [mɵgː] ... der Becher
mulen [ˈmʉːlɛn] ... bedeckt
mullvad -en u [ˈmɵlːvɑːd] ... der Maulwurf
mun -nen u [mɵnː] ... der Mund
muntlig [ˈmɵnːtlɪg] ... mündlich
mur -en u [mʉːr] ... die Mauer

M

murgröna -n u [ˈmʉːrˌgrøːna] .... der/das Efeu
mus -en u [mʉːs] .... die Maus
museum -et n [məˈseːəm] .... das Museum
musik -en u [məˈsiːk] .... die Musik
musikinstrument -et n
[məˈsiːkɪnstrəˌmɛnːt] .... das Musikinstrument
muskel -n u [ˈməsːkɛl] .... der Muskel
müsli -n u [ˈmʏsːlɪ] .... das Müsli
mussla -n u [ˈməsːla] .... die Muschel
mustasch -en u [məsˈtɑːʂ] .... der Schnurrbart
mycket [ˈmʏkːɛ] .... sehr
mycket [ˈmʏkːɛ] .... viel
mygga -n u [ˈmʏgːa] .... die Mücke
mynt -et n [mʏnːt] .... die Münze
mynta -n u [ˈmʏnːta] .... die Minze
myra -n u [ˈmyːra] .... die Ameise
mysig [ˈmyːsɪg] .... gemütlich
mål -et n [moːl] .... das Tor
mål -et n [moːl] .... das Ziel
att **måla** [ˈmoːla] .... streichen
måltid -en u [ˈmoːlˌtiːd] .... die Mahlzeit
månad -en u [ˈmoːnad] .... der Monat
måndag -en u [ˈmɔnːda] .... der Montag
måne -n u [ˈmoːnɛ] .... der Mond
många [ˈmɔŋːa] .... viel(e)
mås -en u [moːs] .... die Möwe
måste [ˈmɔsːtɛ] .... müssen
mått -et n [mɔtː] .... das Maß
måttband -et n [ˈmɔtːˌbanːd] .... das Maßband
mängd -en u [mɛŋːd] .... die Menge
människa -n u [ˈmɛnːɪʂa] .... der Mensch

M

mässling -en u ['mɛs:lɪŋ] .... die Masern
att **mäta** ['mɛ:ta] .... messen
mätt [mɛt:] .... satt
möbel -n u ['mø:bɛl] .... das Möbel
möda -n u ['mø:da] .... die Mühe
möjlig ['mœj:lɪg] .... möglich
möjlighet -en u ['mœj:lɪˌhe:t] .... die Möglichkeit
mörk [mœr:k] .... dunkel
mössa -n u ['mœs:a] .... die Mütze
möte -t n ['mø:tɛ] .... die Besprechung

Nn

nacke -n u ['nak:ɛ] .... der Nacken
nagel -n u ['nɑ:gɛl] .... der Nagel
nagelfil -en u ['nɑ:gɛlˌfi:l] .... die Nagelfeile
naken ['nɑ:kɛn] .... nackt
namn -et n [nam:n] .... der Name
napp -en u [nap:] .... der Schnuller
nappflaska -n u ['nap:flaska] .... das Babyfläschchen
natt -en u [nat:] .... die Nacht
nattduksbord -et n ['nat:dʉksˌbu:ɖ] .... der Nachttisch
natur -en u [na'tʉ:r] .... die Natur
naturligtvis [natʉ:ɭɪkt'vi:s] .... natürlich
naturvetenskap -en u [na'tʉ:rve:tɛnˌskɑ:p] .... die Naturwissenschaften
navel -n u ['nɑ:vɛl] .... der Bauchnabel
navigationsinstrument -et n [navɪga'ʂu:nsɪnstrɵˌmɛn:t] .... das Navigationsgerät
nedladdning -en u ['ne:dladnɪŋ] .... der Download

negativ [ˈnɛg:ti:v]	negativ
nej [nɛj:]	nein
nektarin -en u [nɛktaˈri:n]	die Nektarine
nere [ˈne:rə]	unten
nerv -en u [nær:v]	der Nerv
nervös [nær:vˈø:s]	nervös
ni [ni:]	ihr
ni [ni:]	Sie
nio [ˈni:ɛ]	neun
nittio [ˈnɪt:ɪ]	neunzig
nitton [ˈnɪt:ɔn]	neunzehn
njure -n u [ˈnjʉ:rɛ]	die Niere
att **njuta** [ˈnjʉ:ta]	genießen
nog [nu:g]	genug
noga [ˈnu:ga]	genau
noll [nɔl:]	null
Nordamerika [ˈnu:ɖaˌme:rɪka]	(das) Nordamerika
nordlig [ˈnu:ɖlɪg]	nördlich
normal [nɔrˈmɑ:l]	normal
norr [nɔr:]	der Norden
november [nʊˈvɛm:bər]	der November
nu [nʉ:]	jetzt
nummer -ret n [ˈnəm:ər]	die Nummer
ny [ny:]	neu
nyckel -n u [ˈnʏkɛl]	der Schlüssel
nyckelpiga -n u [ˈnʏk:əlˌpi:ga]	der Marienkäfer
nyfiken [ˈny:fi:kən]	neugierig
nyhet -en u [ˈny:he:t]	die Nachrichten
att **nysa** [ˈny:sa]	niesen
nyttig [ˈnʏt:ɪg]	nützlich
nyår -et n [ˈny:o:r]	das Neujahr

nyårsafton -en u [ˈnyːoːʂˌafːtɔn]	der/das Silvester
någon [ˈnoːgɔn]	jemand
någonsin [ˈnɔnːsɪn]	jemals
någonstans [nɔnˈstanːs]	irgendwo
något [nɔtː]	etwas
något [ˈnoːgɔt]	irgendetwas
några [ˈnoːgra]	einige(r, s)
några [ˈnoːgra]	manche(r, s)
nål -en u [noːl]	die Nadel
när [næːr]	wann
nära [ˈnæːra]	nah(e)
närhet -en u [ˈnæːrheːt]	die Nähe
näsa -n u [ˈnɛːsa]	die Nase
näsduk -en u [ˈnɛsːdʉːk]	das Taschentuch
nästa [ˈnɛsːta]	nächste(r, s)
nästan [ˈnɛsːtan]	fast
nät -et n [nɛtː]	das Netz
nödfall -et n [ˈnøːdfalː]	der Notfall
nödutgång -en u [ˈnøːdʏtˌgɔŋː]	der Notausgang
nödvändig [ˈnøːdˌvɛnːdɪg]	notwendig
nöt -en u [nøːt]	die Nuss
nötkött -et n [ˈnøːtɕœt]	das Rindfleisch

O

Oo

obs! [ɔbsː]	Achtung!
att **observera** [ɔbsærˈveːra]	beobachten
ocean -en u [ʊsɛˈɑːn]	der Ozean
och [ɔkː]	und

också [ˈɔk:sɔ] .... auch
offer -ret n [ˈɔf:ər] .... das Opfer
offentlig [ɔˈfɛn:tlɪg] .... öffentlich
ofta [ˈɔf:ta] .... oft
ohövlig [ˈu:hø:vlɪg] .... unhöflich
okej [ʊˈkɛj:] .... okay, O. K.
oktober [ʊkˈtu:bər] .... der Oktober
olik [ˈu:li:k] .... verschieden
oliv -en u [ʊlˈi:v] .... die Olive
olja -n u [ˈɔl:ja] .... das Öl
olycka -n u [ˈu:lʏka] .... der Unfall
olycklig [ˈu:lʏklɪg] .... unglücklich
om [ɔm:] .... ob
om [ɔm:] .... wenn
omelett -en u [ɔmɛˈlɛt:] .... das Omelett
område -t n [ˈɔm:ro:də] .... der Bereich
omsorgsfull [ˈɔm:sɔrjsˌfʊl:] .... sorgfältig
omöjlig [ˈu:mœjlɪg] .... unmöglich
online-incheckning -en u [ˈɔn:lajnɪnˌɕek:nɪŋ] .... der/das Online-Check-in
onsdag -en u [ˈʊn:sda] .... der Mittwoch
ont i halsen [ˈʊn:t ɪ ˈhal:sɛn] .... die Halsschmerzen
ont i huvudet [ˈʊn:t ɪ ˈhʏv:ødət] .... die Kopfschmerzen
ont i magen [ˈʊn:t ɪ ˈmɑ:gɛn] .... die Magenschmerzen
operation -en u [ɔpæraˈʂu:n] .... die Operation
ord -et n [u:ɖ] .... das Wort
ordning -en u [ˈo:ɖnɪŋ] .... die Ordnung
att **organisera** [ɔrganɪˈse:ra] .... organisieren
orkan -en u [ɔrˈkɑ:n] .... der Hurrikan
orkester -n u [ɔrˈkɛs:tər] .... das Orchester
orm -en u [ʊr:m] .... die Schlange

oro -n u [ˈuːruː]	die Sorge
orsak -en u [ˈuːʂɑːk]	der Grund
oss [ɔsː]	uns
ost -en u [ʊsːt]	der Käse
osympatisk [ˈuːsʏmˌpɑːtɪsk]	unsympathisch
otur -en u [ˈuːtʉːr]	das Pech
otålig [ˈuːtoːlɪg]	ungeduldig
oväsen -det n [ˈuːvɛːsɛn]	der Lärm

Pp

padda -n u [ˈpadːa]	die Kröte
paket -et n [paˈkeːt]	das Paket
pall -en u [palː]	der Hocker
panna -n u [ˈpanːa]	die Stirn
pannkaka -n u [ˈpaŋːkɑːka]	der Pfannkuchen
papegoja -n u [ˈpapːɛˌgɔjːa]	der Papagei
papper -ret n [ˈpapːər]	das Papier
pappa -n u [ˈpapːa]	der Papa
papperskorg -en u [ˈpapːəʂˌkɔrːj]	der Mülleimer
papperslapp -en u [ˈpapːəʂˌlapː]	der Zettel
paprika -n u [ˈpapːrɪka]	der/die Paprika
par -et n [pɑːr]	das Paar
paraply -et n [paraˈplyː]	der Regenschirm
parfym -en u [parˈfyːm]	das Parfüm
parfymaffär -en u [parˈfyːmaˌfæːr]	die Drogerie
park -en u [parːk]	der Park
att **parkera** [parˈkeːra]	parken
parkeringsautomat -en u [parˈkeːrɪŋsatuˌmɑːt]	der Parkscheinautomat

P

parkeringsplats -en u [parˈkeːrɪŋsˌplatːs] .... der Parkplatz
partner -n u [ˈpɑːʈːnər] .... der, die Partner, Partnerin
pass -et n [pasː] .... der Reisepass
att **passa** [ˈpasːa] .... passen
pasta -n u [ˈpasːta] .... die Nudeln
patient -en u [pasɪˈɛnːt] .... der, die Patient, Patientin
pedal -en u [pɛˈdɑːl] .... das Pedal
pekfinger -ret n [ˈpeːkˌfɪŋːɛr] .... der Zeigefinger
pekskärm -en u [ˈpeːkˌʂæːrːm] .... der Touchscreen
pengar -na u [ˈpɛŋːar] .... das Geld
pennfodral -et n [ˈpɛnːfʊdˌrɑːl] .... das Federmäppchen
pensel -n u [ˈpɛnːsɛl] .... der Pinsel
pension -en u [panˈʂuːn] .... die Rente
peppar -n u [ˈpɛpːar] .... der Pfeffer
perrong -en u [pɛˈrɔŋː] .... der Bahnsteig
P
persika -n u [ˈpæʂːɪka] .... der Pfirsich
persilja -n u [pæˈʂɪlːja] .... die Petersilie
person -en u [pæʂʊˈn] .... die Person
personlig [pæˈʂuːnlɪg] .... persönlich
personlighet -en u [pæˈʂuːnlɪgˌheːt] .... die Persönlichkeit
peruk -en u [pæˈrʉːk] .... die Perücke
pilot -en u [pɪˈluːt] .... der, die Pilot, Pilotin
pincett -en u [pɪnˈsɛtː] .... die Pinzette
pingvin -en u [pɪŋˈviːn] .... der Pinguin
PIN-kod -en u [ˈpɪnːˌkoːd] .... die PIN-Nummer
pinne -n u [ˈpɪnːɛ] .... das Stäbchen
pizza -n u [ˈpɪtːsa] .... die Pizza
att **plantera** [planˈteːra] .... pflanzen

plast -en u [plasːt]	der Kunststoff
plastfolie -n u [ˈplasːtˌfuːlıɛ]	die Frischhaltefolie
plats -en u [platːs]	der Ort
platt [platː]	flach
plommon -et n [ˈplʊmːɔn]	die Pflaume
plånbok -en u [ˈploːnbuːk]	die Brieftasche
plötsligt [ˈplœtːslıt]	plötzlich
pocketbok -en u [ˈpɔkːɛtˌbuːk]	das Taschenbuch
pojke -n u [ˈpɔjːkɛ]	der Junge
att **polera** [pʊˈleːra]	polieren
polis -en u [pʊˈliːs]	die Polizei
polis -en u [pʊˈliːs]	der, die Polizist, Polizistin
polisbil -en u [pʊˈliːsbiːl]	der Polizeiwagen
polisstation -en u [pʊˈliːstaˌʂuːn]	die Polizeiwache
politik -en u [pʊlıˈtiːk]	die Politik
pollen -et n [ˈpɔlːɛn]	der Pollen
pommes frites -n u [ˌpɔmːˈfrıtː]	die Pommes frites
popmusik -en u [ˈpɔpːmɵˌsiːk]	die Popmusik
porslin -et n [pɔʂˈliːn]	das Geschirr
porto -t n [ˈpɔʈːʊ]	das Porto
portofritt [ˈpɔʈːʊˌfrıtː]	portofrei
positiv [ˈpʊsːıtiːv]	positiv
post -en u [pɔsːt]	die Post
postbox -en u [ˈpɔsːtˌbɔkːs]	das Postfach
postnummer -ret n [ˈpɔsːtˌnɵmːər]	die Postleitzahl
potatis -en u [pʊˈtɑːtıs]	die Kartoffel
p-piller -ret n [ˈpeːpılər]	die Pille
pralin -en u [praˈliːn]	die Praline
att **prata** [ˈprɑːta]	reden

prenumeration -en u [prɛnəmæra'ʂu:n] .... das Abonnement
present -en u [prɛ'sɛn:t] .... das Geschenk
att **presentera** [presɛn'te:ra] .... vorstellen
att **prestera** [prɛs'te:ra] .... leisten
pris -et n [pri:s] .... der Preis
privat [prɪ'vɑ:t] .... privat
problem -et n [prʊ'ble:m] .... das Problem
procent -en u [prʊ'sɛn:t] .... das Prozent
produkt -en u [prʊ'dɵk:t] .... das Produkt
program -met n [prʊ'gram:] .... das Programm
program -met n [prʊ'gram:] .... die Sendung
projektor -n u [prʊ'jɛk:tʊr] .... der Beamer
promenad -en u [prʊmə'nɑ:d] .... der Spaziergang
att **promenera** [prʊmə'ne:ra] .... spazieren gehen
prov -et n [pru:v] .... die Prüfung
att **provà** ['pru:va] .... anprobieren
att **prova** ['pru:va] .... probieren
P
puls -en u [pɵl:s] .... der Puls
pulver -ret n ['pɵl:vər] .... das Pulver
pumpa -n u ['pɵm:pa] .... der Kürbis
punkt -en u [pɵŋ:t] .... der Punkt
punktering -en u [pɵŋ'te:rɪŋ] .... die Reifenpanne
punktlig ['pɵŋtlɪg] .... pünktlich
purjolök -en u ['pər:jʊˌlø:k] .... der Lauch
pyjamas -en u [pʏ'jɑ:mas] .... der Schlafanzug
att **pyssla** ['pʏs:la] .... basteln
på [po:] .... auf
på grund av [pɔ 'grɵn:d ɑ:v] .... wegen
påfågel -n u ['po:ˌfo:gəl] .... der Pfau
påse -n u ['po:sə] .... die Tüte

påsk -en u [pɔs:k] .... das Ostern
påssjuka -n u [ˈpo:sʂʉ:ka] .... der Mumps
päls -en u [pɛl:s] .... das Fell
päron -et n [ˈpæ:rɔn] .... die Birne

Rr

rabatt -en u [raˈbat:] .... die Ermäßigung
att **radera** [raˈde:ra] .... löschen
radio -n u [ˈrɑ:djʊ] .... das Radio
rak [rɑ:k] .... gerade
att **raka sig** [ˈrɑ:ka sɛj] .... sich rasieren
rakhyvel -n u [ˈrɑ:kˌhy:vəl] .... der Rasierer
raklödder -s n [rɑ:klødər] .... der Rasierschaum
rakt fram [ˈrɑ:kt ˌfram:] .... geradeaus
ram -en u [rɑ:m] .... der Rahmen
rapport -en u [raˈpɔʈ:] .... der Bericht
rast -en u [ras:t] .... die Pause
ratt -en u [rat:] .... das Lenkrad
recept -et u [rɛˈsɛp:t] .... das Rezept
redan [ˈre:dan] .... bereits
redan [ˈre:dan] .... schon
regering -en u [rɛˈje:rɪŋ] .... die Regierung
region -en u [rɛgˈju:n] .... die Region
registreringsskylt -en u [rɛgɪˈstre:rɪŋ:sˌʂʏl:t] .... das Nummernschild
regn -et n [rɛŋ:n] .... der Regen
att **regna** [ˈrɛŋ:na] .... regnen
regnbåge -n u [ˈrɛŋ:nˌbo:gə] .... der Regenbogen
reklam -en u [rɛˈklɑ:m] .... die Werbung

R

att **rekommendera** [rɛkɔmɛnˈdeːra]	empfehlen
rektor -n u [ˈrɛkːtɔr]	der, die Schulleiter, Schulleiterin
religion -en u [rɛlɪˈjuːn]	die Religion
remiss -en u [rɛˈmɪsː]	die Überweisung
ren -en u [reːn]	das Rentier
ren [reːn]	sauber
att **rengöra** [ˈreːnjœːra]	reinigen
rengöringsmedel -let n [ˈreːnjœːrɪŋsˌmeːdəl]	das Reinigungsmittel
att **repetera** [rɛpɛˈteːra]	wiederholen
reptil -en u [rɛpˈtiːl]	das Reptil
republik -en u [rɛpɵˈbliːk]	die Republik
resa -n u [ˈreːsa]	die Reise
den **resande** u [ˈreːsandə]	der/die Reisende
att **reservera** [rɛsærˈveːra]	reservieren
reservering -en u [rɛsærˈveːrɪŋ]	die Reservierung
resmål -et n [ˈreːsmoːl]	das Reiseziel
rest -en u [rɛsːt]	der Rest
restaurang -en u [rɛstɵˈraŋː]	das Restaurant
resultat -et n [rɛsɵlˈtɑːt]	das Ergebnis
resväska -n u [ˈreːsˌvɛsːka]	der Koffer
att **reta upp sig** [ˌreːta ˈɵpː sɛj]	sich ärgern
revben -et n [ˈreːvbeːn]	die Rippe
riktig [ˈrɪkːtɪg]	richtig
riktning -en u [ˈrɪkːtnɪŋ]	die Richtung
ring -en u [rɪŋː]	der Ring
att **ringa** [ˈrɪŋːa]	anrufen
ringa [ˈrɪŋːa]	gering
att **ringa** [ˈrɪŋːa]	klingeln
ringklocka -n u [ˈrɪŋːklɔka]	die Klingel

ris -et n [riːs] .... der Reis
att **roa sig** [ˈruːa sɛj] .... sich unterhalten
rodd -en u [rʊdː] .... das Rudern
rolig [ˈruːlɪg] .... lustig
roman -en u [rʊˈmɑːn] .... der Roman
rondell -en u [rɔnˈdɛlː] .... der Kreisverkehr
att **ropa** [ˈruːpa] .... rufen
ros -en u [ruːs] .... die Rose
det **rostade brödet** n
[ˈrɔsːtadə ˌbrøːdət] .... das Toastbrot
rot -en u [ruːt] .... die Wurzel
rullstol -en u [ˈrɵlːˌstuːl] .... der Rollstuhl
rulltrappa -n u [ˈrɵlːˌtrapːa] .... die Rolltreppe
rum -met n [rɵmː] .... das Zimmer
rund [rɵnːd] .... rund
russin -et n [ˈrɵsːɪn] .... die Rosine
rutschkana -n u [rɵtːʂ̥ˌkɑːna] .... die Rutsche
rutten [ˈrɵtːɛn] .... faulig
rygg -en u [rʏgː] .... der Rücken
ryggrad -en u [ˈrʏgːrɑːd] .... die Wirbelsäule
ryggsäck -en u [ˈrʏgːˌsɛkː] .... der Rucksack
att **ryka** [ˈryːka] .... rauchen
rå [roː] .... roh
råd -et n [roːd] .... der Rat
rådhus -et n [ˈroːdˌhʉ̣ːs] .... das Rathaus
rådjur -et n [ˈroːjʉ̣ːr] .... das Reh
råg -en u [roːg] .... der Roggen
rån -et n [roːn] .... der Raubüberfall
råtta -n u [ˈrɔtːa] .... die Ratte
att **rädda** [ˈrɛdːa] .... retten
rädisa -n u [ˈrɛːdɪsa] .... das Radieschen

rädsla -n u [ˈrɛːdsla] .... die Angst
räka -n u [ˈrɛːka] .... die Garnele
att **räkna** [ˈrɛːkna] .... rechnen
att **räkna** [ˈrɛːkna] .... zählen
räkning -en u [ˈrɛːknɪŋ] .... die Rechnung
ränta -n u [ˈrɛnːta] .... der Zins
rätt -en u [rɛtː] .... das Recht
räv -en u [rɛːv] .... der Fuchs
röd [røːd] .... rot
röda hund u [ˌrøːda ˈhɵnːd] .... die Röteln
rödbeta -n u [ˈrøːdˌbeːta] .... die Rote Bete
rödkål -en u [ˈrøːdkoːl] .... der Rotkohl
rödvin -et n [ˈrøːdˌviːn] .... der Rotwein
rök -en u [røːk] .... der Rauch
rökförbud -et n [ˈrøːkfœˌbʉːd] .... das Rauchverbot
röntgenbild -en u [ˈrœntgənˌbɪlːd] .... das Röntgenbild
rör -et n [rœːr] .... das Rohr
att **röra** [ˈrœːra] .... anfassen
att **röra sig** [ˈrœːra sɛj] .... sich bewegen

Ss

sadel -n u [ˈsɑːdɛl] .... der Sattel
saft -en u [safːt] .... der Saft
saftig [ˈsafːtɪg] .... saftig
sak -en u [sɑːk] .... die Sache
att **sakna** [ˈsɑːkna] .... vermissen
salami -n u [saˈlɑːmɪ] .... die Salami
sallad -en u [ˈsalːad] .... der Salat
salladssås -en u [ˈsalːadˌsoːs] .... die Salatsoße

salt -et n [sal:t]	das Salz
salt [sal:t]	salzig
salva -n u ['sal:va]	die Salbe
sambo -n u ['sam:bʊ]	der/die Lebensgefährte, Lebengefährtin
att **samla** ['sam:la]	sammeln
samlag -et n ['sam:lɑ:g]	der Geschlechtsverkehr
samtliga ['sam:tlɪga]	sämtlich
sand -en u [san:d]	der Sand
sandal -en u [san'dɑ:l]	die Sandale
sann [san:]	wahr
sax -en u [sak:s]	die Schere
saxofon -en u [saksʊ'fo:n]	das Saxofon
scanner -n u ['skan:ər]	der Scanner
scen -en u [se:n]	die Bühne
scen -en u [se:n]	die Szene
schack -et n [ʂak:]	das Schach
schampo -t n ['ʂam:pʊ]	das Shampoo
scharlakansfeber -n u [ʂa'ɭɑ:kans͵fe:bər]	der Scharlach
schema -t n ['ʂe:ma]	der Stundenplan
den **schweiziska franc** u ['ʂvej:tsɪska ͵fraŋ:]	der Schweizer Franken
att **se** [se:]	sehen
att **se fram emot** [se 'fram: ɛ͵mu:t]	sich freuen auf
att **se upp** [se 'ɵp:]	aufpassen
sedan [sɛn:]	seit
sedel -n u ['se:dɛl]	der Geldschein
segelbåt -en u ['se:gəlbo:t]	das Segelboot

att **segla** ['se:gla]	segeln
sekund -en u [sɛ'kɵn:d]	die Sekunde
semester -n u [sɛ'mɛs:tər]	der Urlaub
sen [se:n]	spät
senap -en u ['se:nap]	der Senf
senapskål -en u ['se:naps‚ko:l]	der Rucola
september [sɛp'tɛm:bər]	der September
att **servera** [sær've:ra]	servieren
servett -en u [sær'vɛt:]	die Serviette
servitör, servitris -en u [særvɪ'tœ:r, særvɪ'tri:s]	der, die Kellner, Kellnerin
sevärdheter -na u ['se:væɖ‚he:tər]	die Sehenswürdigkeiten
sex [sɛk:s]	sechs
sextio ['sɛk:stɪ]	sechzig
sexton ['sɛk:stɔn]	sechzehn
shorts -en u [ʂo:ʈ:s]	die Shorts
sida -n u ['si:da]	die Seite
siffra -n u ['sɪf:ra]	die Ziffer
sig [sɛj:]	sich
sil -en u [si:l]	das Sieb
sill -en u [sɪl:]	der Hering
silver -ret n ['sɪl:vər]	das Silber
simglasögon -en n ['sɪm:glɑ:s‚ø:gɔn]	die Schwimmbrille
simhall -en u ['sɪm:hal]	das Schwimmbad
SIM-kort -et n ['sɪm:‚koʈ:]	die SIM-Karte
att **simma** ['sɪm:a]	schwimmen
sin (tt, a) [sɪn:]	seine(r, s), ihre(r, s)
singel ['sɪŋ:ɛl]	ledig
sist [sɪs:t]	letzte(r, s)

sista datum -et n [ˈsɪsta ˌdɑːtɵm]	das Verfallsdatum
att **sitta** [ˈsɪtːa]	sitzen
sittplats -en u [ˈsɪtːˌplatːs]	der Sitzplatz
sjal -en u [ʂɑːl]	der Schal
sju [ʂʉː]	sieben
sjuk [ʂʉːk]	krank
sjukdom -en u [ˈʂʉːkdʊm]	die Krankheit
sjukförsäkring -en u [ˈʂʉːkfœˈʂɛkrɪŋ]	die Krankenversicherung
sjukhus -et n [ˈʂʉːkhʉːs]	das Krankenhaus
sjukkassa -n u [ˈʂʉːˌkasːa]	die Krankenkasse
sjuksköterska -n u [ˈʂʉːkˌʂøːtæʂka]	der, die Krankenpfleger, Krankenschwester
sjukvårdare -n u [ˈʂʉːkˌvoːɖarə]	der, die Sanitäter, Sanitäterin
att **sjunga** [ˈʂɵŋːa]	singen
sjuttio [ˈʂɵtːɪ]	siebzig
sjutton [ˈʂɵtːɔn]	siebzehn
själv [ʂɛlːv]	selbst
självklar [ˈʂɛlːvˌklɑːr]	selbstverständlich
självmedveten [ˈʂɛlːvmɛdˌveːtən]	selbstbewusst
självständig [ˈʂɛlːvˌstɛnːdɪg]	selbstständig
sjö -n u [ʂøː]	der See
ska [skɑː]	sollen
att **skada** [ˈskɑːda]	verletzen
skada -n u [ˈskɑːda]	die Verletzung
att **skala** [ˈskɑːla]	schälen
skaldjur -et n [ˈskɑːlˌjʉːr]	die Meeresfrüchte
skarp [skarːp]	scharf

skateboardåkning -en u ['skɛj:tbo:ɖ,o:knɪŋ] … das Skateboardfahren
skatt -en u [skat:] … die Steuer
sked -en u [ɧe:d] … der Löffel
skelett -et n [skɛ'lɛt:] … das Skelett
skenben -et n ['ɧe:n,be:n] … das Schienbein
skepp -et n [ɧɛp:] … das Schiff
att **skicka** ['ɧɪk:a] … schicken
skida -n u ['ɧi:da] … der Ski
skidåkning -en u ['ɧi:d,o:knɪŋ] … das Skifahren
skild [ɧɪl:d] … geschieden
att **skilja sig** ['ɧɪl:ja sɛj] … sich scheiden lassen
skilsmässa -n u ['ɧɪl:s,mɛs:a] … die Scheidung
skinka -n u ['ɧɪŋ:ka] … der Schinken
skiva -n u ['ɧi:va] … die Scheibe
skjorta -n u ['ɧʊʈ:a] … das Hemd
skjul -et n [ɧʉ:l] … das Gartenhaus
att **skjuta** ['ɧʉ:ta] … schießen
sko -n u [sku:] … der Schuh
skog -en u [sku:g] … der Wald
skoj -et n [skɔj:] … der Spaß
skola -n u ['sku:la] … die Schule
skolämne -t n ['sku:l,ɛm:nə] … das Schulfach
skorsten -en u ['skɔʂ:te:n] … der Schornstein
skosnöre -t n ['sku:,snœ:rɛ] … der Schnürsenkel
att **skratta** ['skrat:a] … lachen
att **skrika** ['skri:ka] … schreien
att **skriva** ['skri:va] … schreiben
att **skriva (på datorn)** ['skri:va pɔ 'dɑ:tʊɳ] … tippen
att **skriva under** [,skri:va 'ɵn:dər] … unterschreiben

att **skriva upp** [ˌskriːva ˈɵpː]	aufschreiben
skrivbok -en u [ˈskriːvˌbuːk]	das Schulheft
skrivbord -et n [ˈskriːvˌbuːɖ]	der Schreibtisch
att **skrubba** [ˈskrɵbːa]	schrubben
skruv -en u [skrʉːv]	die Schraube
skrämd [skrɛmːd]	verängstigt
skräppost -en u [ˈskrɛːpɔst]	die/das Spammail
skugga -n u [ˈskɵgːa]	der Schatten
skuld -en u [skɵlːd]	die Schuld
skulle vi ...? [ˈskɵlːə viː]	sollten wir ...?
skulle vi ...? [ˈskɵlːə viː]	würden wir ...?
skulle vi kunna ...? [ˌskɵlːə vɪ ˈkɵnːa]	könnten wir ...?
skulle vi vilja ...? [ˈskɵlə vɪ ˌvɪlːja]	möchten wir ...?
skydd -et n [ʂʏdː]	der Schutz
att **skydda** [ˈʂʏdːa]	schützen
skylt -en u [ʂʏlːt]	das Schild
skyltfönster -ret n [ˈʂʏlːtˌfœnːstər]	das Schaufenster
att **skynda sig** [ˈʂʏnːda sɛj]	sich beeilen
skål -en u [skoːl]	die Schüssel
skål! [skoːl]	prost!
skåp -et n [skoːp]	der Schrank
skägg -et n [ʂɛgː]	der Bart
skämt -et n [ʂɛmːt]	der Witz
att **skära** [ˈʂæːra]	schneiden
skärgård -en u [ˈʂærˌgoːɖ]	der Schärengarten
skärp -et n [ʂærːp]	der Gürtel
sköldkörtel -n u [ˈʂœlːdˌɕœʈːel]	die Schilddrüse
sköldpadda -n u [ˈʂœlːdˌpadːa]	die Schildkröte
att **skörda** [ˈʂœːɖa]	ernten
sladd -en u [sladː]	das Kabel
slag -et n [slɑːg]	die Art

slaganfall -et n ['slɑ:gan,fal:] .... der Schlaganfall
slagverk -et n ['slɑ:g,vær:k] .... das Schlagzeug
slaktare -n u ['slak:tarə] .... der, die Metzger, Metzgerin
slank [slaŋ:k] .... schlank
att **slappna av** [,slap:na 'ɑ:v] .... sich entspannen
slips -en u ['slɪp:s] .... die Krawatte
slott -et n [slɔt:] .... das Schloss
slug [slʉ:g] .... schlau
slut -et n ['slʉ:t] .... das Ende
att **sluta** ['slʉ:ta] .... aufhören
att **slå** [slo:] .... schlagen
släkt [slɛk:t] .... verwandt
släkting -en u ['slɛk:tɪŋ] .... der/die Verwandte
slät [slɛ:t] .... eben
smak -en u [smɑ:k] .... der Geschmack
att **smaka** ['smɑ:ka] .... schmecken
smakförstärkare -n u ['smɑ:kfœʂ,tær:karɛ] .... der Geschmacksverstärker
smal [smɑ:l] .... schmal
smarttelefon -en u ['smɑ:ʈɛlɛ,fo:n] .... das Smartphone
att **sminka sig** ['smɪŋ:ka sɛj] .... sich schminken
SMS -et n [ɛsm'ɛs:] .... die, das SMS
smutsig ['smɵt:sɪg] .... schmutzig
smycke -t n ['smʏk:ɛ] .... der Schmuck
småpaket -et n ['smo:pa'ke:t] .... das Päckchen
småpengar -na u ['smo:,pɛŋar] .... das Kleingeld
smör -et n [smœ: r] .... die Butter
smörgås -en u ['smœr,go:s] .... das Sandwich
snabb [snab:] .... schnell
snabbköp -et n ['snab:ɕø:p] .... der Supermarkt

S

snabbmat -en u ['snab:mɑ:t] .... das Fastfood
att **snarka** ['snar:ka] .... schnarchen
snart [snɑ:ʈ] .... bald
snigel -n u ['sni:gɛl] .... die Schnecke
snowboardåkning -en u ['snəʊbɔ:dˌo:knɪŋ] .... das Snowboarding
snus -et n [snʉ:s] .... der Lutschtabak
snuva -n u ['snʉ:va] .... der Schnupfen
snäcka -n u ['snɛk:a] .... die Schnecke
snäll [snɛl:] .... nett
snö -n u [snø:] .... der Schnee
att **snöa** ['snø:a] .... schneien
snökedja -n u ['snø:ˌɕe:dja] .... die Schneekette
socker -ret n ['sɔk:ər] .... der Zucker
socka -n u ['sɔk:a] .... die Socke
sockerfri ['sɔk:ərˌfri:] .... zuckerfrei
soffa -n u ['sɔf:a] .... das Sofa
soffbord -et n ['sɔfˌbu:ɖ] .... der Couchtisch
sojaböna -n u ['sɔj:aˌbø:na] .... die Sojabohne
sol -en u [su:l] .... die Sonne
att **solbada** ['su:lˌbɑ:da] .... sich sonnen
solbränna -n u ['su:lˌbrɛn:a] .... der Sonnenbrand
soldat -en u [sʊl'dɑ:t] .... der, die Soldat, Soldatin
solglasögon -en u ['su:lglɑ:sˌø:gɔn] ... die Sonnenbrille
solhatt -en u ['su:lˌhat:] .... der Sonnenhut
solig ['su:lɪg] .... sonnig
solkräm -en u ['su:lˌkrɛ:m] .... das Sonnenschutzmittel
solvärme -n u ['su:lˌvær:mə] .... die Solarheizung
som [sɔm:] .... als

S

sommar -en u ['sɔm:ar] .... der Sommer
sommarstuga -n u ['sɔm:aˌʂtʉ:ga] .... das Sommerhäuschen
att **somna** ['sɔm:na] .... einschlafen
son -en u [so:n] .... der Sohn
att **sopa** ['su:pa] .... fegen
sopbil -en u ['su:pbi:l] .... der Müllwagen
sopborste -n u ['su:pbɔʂ:tə] .... der Besen
sophink -en u ['su:pˌhɪŋ:k] .... der Abfalleimer
sopor -na u ['su:pʊr] .... der Müll
soppa -n u ['sɔp:a] .... die Suppe
soppåse -n u ['su:po:sɛ] .... der Müllbeutel
souvenir -en u [sʊvə'ni:r] .... das Souvenir
att **sova** ['so:va] .... schlafen
sovrum -met n ['so:vˌrɵm:] .... das Schlafzimmer
sovsäck -en u ['so:vˌsɛk:] .... der Schlafsack
spaghetti -n u [spa'gɛt:ɪ] .... die Spaghetti
spann -en u [span:] .... der Eimer
att **spara** ['spɑ:ra] .... sparen
att **spara** ['spɑ:ra] .... speichern
sparkonto -t n ['spɑ:rˌkɔn:tʊ] .... das Sparkonto
sparris -en u ['spar:ɪs] .... der Spargel
S
spegel -n u ['spe:gɛl] .... der Spiegel
spel -et n [spe:l] .... das Spiel
att **spela** ['spe:la] .... spielen
spelare -n u ['spe:larə] .... der, die Spieler, Spielerin
speltvete -t n [ˌspɛl:t've:tɛ] .... der Dinkel
spenat -en u [spɛ'nɑ:t] .... der Spinat
att **spendera** [spɛn'de:ra] .... ausgeben
spik -en u [spi:k] .... der Nagel (Metall)

spindel -n u [ˈspɪn:dɛl] .... die Spinne
spindelnät -et n [ˈspɪn:dɛlˌnɛ:t] .... das Spinnennetz
spis -en u [spi:s] .... der Herd
att **springa** [ˈsprɪŋ:a] .... laufen
spruta -n u [ˈsprʉ:ta] .... die Spritze
att **spruta** [ˈsprʉ:ta] .... spritzen
språk -et n [spro:k] .... die Sprache
språng -et n [sprɔŋ:] .... der Sprung
spårnummer -ret n [ˈspo:rˌnɵm:ər] .... die Gleisnummer
spårvagn -en u [ˈspo:rˌvaŋ:n] .... die Straßenbahn
späck -et n [spɛk:] .... der Speck
spädbarn -et n [ˈspɛ:dˌbɑ:ɳ] .... der Säugling
att **spänna fast säkerhetsbältet**
[spɛna ˈfas:t ˈsɛ:kərhetsˌbɛl:tət] .... sich anschnallen
spänne -t n [ˈspɛn:e] .... die Schnalle
spänning -en u [ˈspɛn:ɪŋ] .... die Spannung
squash -en u [skwɔʂ:] .... die Zucchini
stabil [staˈbi:l] .... stabil
stad -en u [stɑ:d] .... die Stadt
stadion u [ˈstɑ:djʊn] .... das Stadion
staket -et n [staˈke:t] .... der Zaun
att **stanna** [ˈstan:a] .... bleiben
stark [star:k] .... stark
stat -en u [stɑ:t] .... der Staat
att **stava** [ˈstɑ:va] .... buchstabieren
steg -et n [ste:g] .... der Schritt
stege -n u [ˈste:gɛ] .... die Leiter
att **steka** [ˈste:ka] .... braten
stekpanna -n u [ˈste:kˌpan:a] .... die Bratpfanne
stekt [ste:kt] .... gebraten
det **stekta ägget** n [ˈste:kta ˌɛg:ət] .... das Spiegelei

sten -en u [ste:n]	der Stein
steril [stæ'ri:l]	steril
stetoskop -et n ['stɛt:ʊˌsko:p]	das Stethoskop
att **sticka** ['stɪk:a]	stricken
att **stiga** ['sti:ga]	steigen
att **stiga av** [ˌsti:ga 'ɑ:v]	aussteigen
att **stiga på** [ˌsti:ga 'po:]	einsteigen
att **stiga upp** [ˌsti:ga 'ɵp:]	aufstehen
stil -en u [sti:l]	der Stil
stilla ['stɪl:a]	still
stillhet -en u [stɪl'he:t]	die Ruhe
stjärna -n u ['ʂæ:ɳa]	der Stern
stol -en u [stu:l]	der Stuhl
stolt [stɔl:t]	stolz
att **stoppa** ['stɔp:a]	anhalten
stor [stu:r]	groß
storartad ['stu:rˌɑ:ʈad]	großartig
storlek -en u ['stu:ɭe:k]	die Größe
storm -en u [stɔr:m]	der Sturm
stormig ['stɔr:mɪg]	stürmisch
storstad -en u ['stu:ʂtɑ:d]	die Großstadt
straff -et n [straf:]	die Strafe
strand -en u [stran:d]	der Strand
stressad ['strɛs:ad]	gestresst
strumpbyxor -na u ['strɵm:pˌbʏk:sər]	die Strumpfhose
strupe -n u ['strʉ:pɛ]	die Kehle
att **stryka** ['stry:ka]	bügeln
strykbräda -n u ['stry:kˌbrɛ:da]	das Bügelbrett
strykjärn -et n ['stry:kˌjæ:ɳ]	das Bügeleisen
strålkastare -n u ['stro:lˌkas:tarə]	der Scheinwerfer

ström -men u [strœm:]	der Strom
strömbrytare -n u [ˈstrœm:ˌbry:tarə]	der Ein-/Aus-Schalter
student -en u [stəˈdɛn:t]	der, die Student, Studentin
studentkort -et n [stəˈdɛn:tˌkoʈ:]	der Studenten-ausweis
studier -na u [ˈstʉ:dɪər]	das Studium
stund -en u [stən:d]	die Weile
stycke -t n [ˈstʏk:ə]	das Stück
styre -t n [ˈsty:rɛ]	der Lenker
styvbror -dern u [ˈsty:vˌbru:r]	der Stiefbruder
styvfar -dern u [ˈsty:vˌfɑ:r]	der Stiefvater
styvmor -dern u [ˈsty:vˌmu:r]	die Stiefmutter
styvsyster -n u [ˈsty:vˌsʏs:tər]	die Stiefschwester
att **stå** [sto:]	stehen
att **städa** [ˈstɛ:da]	putzen
att **städa undan** [ˌstɛ:da ˈən:dan]	aufräumen
att **ställa** [ˈstɛl:a]	stellen
ställe -t n [ˈstɛl:ə]	die Stelle
att **stänga** [ˈstɛŋ:a]	schließen
att **stänga av** [ˌstɛŋa ˈɑ:v]	ausschalten
stängd [stɛŋ:d]	geschlossen
stöld -en u [stœl:d]	der Diebstahl
att **störa** [ˈstœ:ra]	stören
störning -en u [ˈstœ:ɳɪŋ]	die Störung
stövel -n u [ˈstœv:ɛl]	der Stiefel
suddgummi -t n [ˈsədˌgəm:ɪ]	der Radiergummi
sur [sʉ:r]	sauer
att **surfa** [ˈsər:fa]	surfen
surfingbräda -n u [ˈsər:fɪŋˌbrɛ:da]	das Surfbrett

surfplatta -n u ['sərf,plat:a] ..... der Tablet-Computer
svamp -en u [svam:p] ..... der Pilz
svan -en u [svɑ:n] ..... der Schwan
svans -en u [svan:s] ..... der Schwanz
svar -et n [svɑ:r] ..... die Antwort
att **svara** ['svɑ:ra] ..... antworten
svart [svaʈ:] ..... schwarz
svartsjuk ['svaʈ,ʂʉ:k] ..... eifersüchtig
svåger -n u ['svo:gər] ..... der Schwager
svår [svo:r] ..... schwierig
svårt handikappad ['svo:ʈ ,han:dɪkapad] ..... schwerbehindert
svägerska -n u ['svɛ:gɛʂka] ..... die Schwägerin
att **svära** ['svæ:ra] ..... fluchen
svärfar -dern u ['svæ:r,fɑ:r] ..... der Schwiegervater
svärmor -dern u ['svæ:r,mu:r] ..... die Schwiegermutter
svärson -en u ['svæ:,ʂo:n] ..... der Schwiegersohn
att **sy** [sy:] ..... nähen
Sydamerika ['sy:da,me:rɪka] ..... (das) Südamerika
sylt -en u [sʏl:t] ..... die Marmelade
sympatisk [sʏm'pɑ:tɪsk] ..... sympathisch
symptom -et n [sʏm'to:m] ..... das Symptom
synagoga -n u ['sy:na,gu:ga] ..... die Synagoge
syre -t n ['sy:rə] ..... der Sauerstoff
syskon -et n ['sʏs:kɔn] ..... die Geschwister
system -et n [sʏs'te:m] ..... das System
systembolag -et n [sʏs'te:mbʊ,lɑ:g] ..... die staatliche Monopolgesellschaft zum Verkauf von alkoholischen Getränken

S

syster -n u [ˈsʏsːter]	die Schwester
systerdotter -n u [ˈsʏsːtæˌɖɔtːər]	die Nichte (schwesterlicherseits)
systerson -en u [ˈsʏsːtæʂˌoːn]	der Neffe (schwesterlicherseits)
så [soː]	so
sådan [sɔnː]	solche(r, s)
sång -en u [sɔŋː]	das Lied
sår -et n [soːr]	die Wunde
sås -en u [soːs]	die Soße
att **säga** [ˈsɛjːa]	sagen
säker [ˈsɛːkər]	sicher
säkerhet -en u [ˈsɛːkərˌheːt]	die Sicherheit
säkert [ˈsɛːkəʈ]	sicherlich
säkring -en u [ˈsɛːkrɪŋ]	die Sicherung
säkringsskåp -et n [ˈsɛːkrɪŋˌskoːp]	der Sicherungskasten
att **sälja** [ˈsɛlːja]	verkaufen
sällan [ˈsɛlːan]	selten
sällsam [ˈsɛlːsam]	seltsam
att **sända** [ˈsɛnːda]	senden
säng -en u [sɛŋː]	das Bett
sängkläder -na n [ˈsɛŋːˌklɛːdər]	die Bettwäsche
särskild [ˈsæːʂɪld]	besondere(r, s)
särskilt [ˈsæːʂɪlt]	besonders
säte -t n [ˈsɛːtə]	der Sitz
att **sätta på** [ˌsɛtːa ˈpoː]	anschalten
att **sätta sig** [ˈsɛtːa sɛj]	sich setzen
att **sätta sig ned** [ˈsɛtːa sɛj ˌneː]	sich hinsetzen
söder [ˈsøːdər]	der Süden
södra [ˈsøːdra]	südlich
att **söka** [ˈsøːka]	suchen

sökande -t n [ˈsøːkandɛ]	die Suche
sömn -en u [sœmːn]	der Schlaf
söndag -en u [ˈsœnːda]	der Sonntag
sönder [ˈsœnːdər]	kaputt
söt [søːt]	süß

Tt

att **ta** [tɑː]	nehmen
att **ta av sig** [tɑ ˈɑːv ˌsɛj]	sich ausziehen
att **ta avsked** [ˌtɑː ˈɑːvʂeːd]	sich verabschieden
att **ta bort** [ˌtɑː ˈbɔʈː]	entfernen
att **ta med** [ˌtɑːˈmeː]	bringen
att **ta med sig** [ˌtɑː ˈmeː sɛj]	mitbringen
att **ta med sig** [ˌtɑː ˈmeː sɛj]	mitnehmen
att **ta på sig** [ˌtɑː ˈpoː sɛj]	sich anziehen
att **ta reda på** [ˌtɑː ˈreːda pɔ]	herausfinden
tablett -en u [tabˈlɛtː]	die Tablette
tack -et n [takː]	der Dank
att **tacka** [ˈtakːa]	sich bedanken
tagg -en u [tagː]	der Dorn
tak -et n [tɑːk]	das Dach
tak -et n [tɑːk]	die Decke
taktegel -let n [ˈtɑːkˌteːgəl]	der Dachziegel
tal -et n [tɑːl]	die Zahl
att **tala** [ˈtɑːla]	sprechen
tallrik -en u [ˈtalːrɪk]	der Teller
tampong -en u [tamˈpɔŋː]	der Tampon
tand -en u [tanːd]	der Zahn
tandborste -n u [ˈtanːdˌbɔʂːtə]	die Zahnbürste

tandkräm -en u ['tan:d,krɛ:m] .... die Zahnpasta
tandkött -et n ['tan:d,ɕœt:] .... das Zahnfleisch
tandläkare -n u ['tan:d,lɛ:karə] .... der, die Zahnarzt, Zahnärztin
tandvärk -en u ['tan:d,vær:k] .... die Zahnschmerzen
tangentbord -et n [tan'jɛn:t,bu:ɖ] .... die Tastatur
att **tanka** ['taŋ:ka] .... tanken
att **tappa** ['tap:a] .... fallen lassen
tarm -en u [tar:m] .... der Darm
tass -en u [tas:] .... die Pfote
taxi -n u ['tak:sɪ] .... das/der Taxi
te -et n [te:] .... der Tee
teater -n u [tɛ'ɑ:tər] .... das Theater
tecken -net n ['tɛk:ɛn] .... das Zeichen
teckenspråk -et n ['tɛk:ɛn,spro:k] .... die Gebärdensprache
att **teckna** ['tɛk:na] .... zeichnen
tejp -en u [tɛj:p] .... das Klebeband
tekanna -n u ['te:kana] .... die Teekanne
teknisk ['tɛk:nɪsk] .... technisch
telefax -en u [tɛlɛ'fak:s] .... das Faxgerät
telefon -en u [tɛlɛ'fo:n] .... das Telefon
telefonnummer -ret n [tɛlɛ'fo:,nɵm:ər] .... die Telefonnummer
telefonsvarare -n u [tɛlɛ'fo:n,svɑ:rarə] .... der Anrufbeantworter
tempel -let n ['tɛm:pɛl] .... der Tempel
temperatur -en u [tɛmpra'tʉ:r] .... die Temperatur
tennis -en u ['tɛn:ɪs] .... das Tennis
tennisboll -en u ['tɛn:ɪs,bɔl:] .... der Tennisball
tennisracket -en u ['tɛn:ɪs,rak:ət] .... der Tennisschläger
tepåse -n u ['te:,po:sɛ] .... der Teebeutel

terapi -n u [tæra'pi:]	die **Therapie**
termometer -n u [tærmʊ'me:tər]	das **Thermometer**
termos -en u [tær'mɔs:]	die **Thermoskanne®**
terrass -en u [tɛ'ras:]	die **Terrasse**
tesked -en u ['te:ʂe:d]	der **Teelöffel**
testikel -n u [tɛs'tɪk:ɛl]	der **Hoden**
teve -n u ['te:vɛ]	der **Fernseher**
tid -en u [ti:d]	der **Termin**
tid -en u [ti:d]	die **(Uhr)zeit**
tidig ['ti:dɪg]	**früh**
tidning -en u ['ti:nɪŋ]	die **Zeitung**
tidskrift -en u ['ti:dˌskrɪf:t]	die **Zeitschrift**
tidtabell -en u ['ti:dtaˌbɛl:]	der **Fahrplan**
tiger -n u ['ti:gər]	der **Tiger**
till [tɪl:]	**bis**
till [tɪl:]	**nach**
till [tɪl:]	**zu**
till den ['tɪl: dɛn]	**dazu**
till höger [ˌtɪl: 'hø:gər]	**rechts**
till och med ['tɪl:ɔˌme:]	**sogar**
till vad [tɪl 'vɑ:]	**wozu**
till vänster [ˌtɪl: 'vɛn:stər]	**links**
tillbaka [tɪl'bɑ:ka]	**zurück**
att **tillbringa** ['tɪl:brɪŋa]	**verbringen**
tillfälle -t n ['tɪl:fɛlɛ]	die **Gelegenheit**
tillfällighet -en u ['tɪl:fɛlɪˌhe:t]	der **Zufall**
att **tillhöra** ['tɪl:hœ:ra]	**gehören**
tillsammans [tɪl'sam:ans]	**zusammen**
tillstånd -et n ['tɪl:stɔnd]	der **Zustand**
att **tillåta** ['tɪl:o:ta]	**erlauben**
timme -n u ['tɪm:ɛ]	die **Stunde**

tio ['tiːɛ]	zehn
tisdag -en u ['tɪsːda]	der Dienstag
att **titta** ['tɪtːa]	schauen
att **titta på teve** ['tɪtːa poː ˌteːvɛ]	fernsehen
tjej -en u [ɕɛjː]	das Mädchen/die Freundin
tjock [ɕɔkː]	dick
tjugo ['ɕʉ̝ːgɛ]	zwanzig
tjur -en u [ɕʉ̝ːr]	der Stier
att **tjäna** ['ɕɛːna]	verdienen
toalett -en u [tuːa'lɛtː]	die Toilette
toalettborste -n u [twa'lɛtːˌbɔʂːtə]	die Klobürste
toalettpapper -ret n [twa'lɛtːˌpapːɛr]	das Toilettenpapier
toalettrengöringsmedel -let n [twa'lɛtːreːnjœːrɪŋsˌmeːdɛl]	der WC-Reiniger
toalettspolning -en u [tuːa'lɛtːˌspuːlnɪŋ]	die Toilettenspülung
tobak -en u ['tuːbak]	der Tabak
toffel -n u ['tɔfːɛl]	der Hausschuh
tolerant [tɔlæ'ranːt]	tolerant
tolv [tɔlːv]	zwölf
tom [tʊmː]	leer
tomat -en u [tʊ'mɑːt]	die Tomate
tomatketchup -en u [tʊ'mɑːtˌkɛtːɕɵp]	der/das Ketchup
tomt -en u [tɔmːt]	das Grundstück
ton -net n [tɔnː]	die Tonne
tonfisk -en u ['tuːnfɪsk]	der Thunfisch
torg -et n [tɔrːj]	der Platz
torka -n u ['tɔrːka]	die Dürre

T

torktumlare -n u [ˈtɔrkːˌtɵmːlarə] ...... der Wäschetrockner
torn -et n [tuːɳ] ...... der Turm
torr [tɔrː] ...... trocken
torsdag -en u [ˈtuʂːda] ...... der Donnerstag
traditionell [tradɪʂʊˈnɛlː] ...... traditionell
trafik -en u [traˈfiːk] ...... der Verkehr
trafikljus -et n [traˈfiːkˌjʉːs] ...... die Ampel
trafikolycka -n u [traˈfiːkʊˌlʏkːa] ...... der Verkehrsunfall
traktor -n u [ˈtrakːtʊr] ...... der Traktor
trappa -n u [ˈtrapːa] ...... die Treppe
trasa -n u [ˈtrɑːsa] ...... der Putzlappen
tre [treː] ...... drei
tre gånger [ˈtreː ˌgɔŋːər] ...... dreimal
tredje [ˈtreːdjɛ] ...... dritte(r, s)
tredjedel -en u [ˈtreːdjɛˌdeːl] ...... das/der Drittel
trettio [ˈtrɛtːɪ] ...... dreißig
tretton [ˈtrɛtːɔn] ...... dreizehn
att **tro** [troː] ...... glauben
trosa -n u [ˈtruːsa] ...... der Slip
trosskydd -et n [ˈtruːsˌʂʏdː] ...... die Slipeinlage
trots [trɔtːs] ...... trotz
trottoar -en u [trʊtʊˈɑːr] ...... der Bürgersteig
trumma -n u [ˈtrɵmːa] ...... die Trommel
trumpet -en u [trɵmˈpeːt] ...... die Trompete
att **trycka** [ˈtrykːa] ...... drücken
att **trycka ut** [ˌtrykːa ˈʉːt] ...... drucken
tråd -en u [troːd] ...... der Faden
det **trådlösa nätverket** n
[ˈtroːdløːsa ˈnɛːtværkət] ...... das WLAN
tråkig [ˈtroːkɪg] ...... langweilig
trång [trɔŋː] ...... eng

trä -t n [trɛː] .... das Holz
träd -et n [trɛːd] .... der Baum
trädgård -en u [ˈtrɛgoːɖ] .... der Garten
att **trädgårdsarbeta**
[ˈtrɛgoːɖsarˌbeːta] .... gärtnern
att **träffas** [ˈtrɛfːas] .... sich treffen
träkol -et n [ˈtrɛːkoːl] .... die Holzkohle
att **träna** [ˈtrɛːna] .... trainieren
träningsoverall -en u
[ˈtrɛːnɪŋsɔvaˌroːl] .... der Trainingsanzug
tröja -n u [ˈtrœjːa] .... der Pullover
trött [trœtː] .... müde
T-shirt -en u [ˈtiːˌʂœːʈ] .... das T-Shirt
tuberkulos -en u [tɵbærkɵˈloːs] .... die Tuberkulose
tuggummi -t n [ˈtɵgːɵmɪ] .... der/das Kaugummi
tull -en u [tɵlː] .... der Zoll
tulpan -en u [tɵlˈpɑːn] .... die Tulpe
tumme -n u [ˈtɵmːɛ] .... der Daumen
tung [tɵŋː] .... schwer
tunga -n u [ˈtɵŋːa] .... die Zunge
tunn [tɵnː] .... dünn
tunnel -n u [ˈtɵnːɛl] .... der Tunnel
tunnelbana -n u [ˈtɵnɛlˌbɑːna] .... die U-Bahn
tupp -en u [tɵpː] .... der Hahn
turist -en u [tɵˈrɪsːt] .... der, die Tourist, Touristin
turistinformation -en u
[tɵˈrɪsːtɪnfɔrmaˌʂuːn] .... die Touristeninformation
tusen [ˈtʉːsɛn] .... tausend
tuta -n u [ˈtʉːta] .... die Hupe
tvillingar -na u [ˈtvɪlːɪŋar] .... die Zwillinge

T

två [tvo:] .... zwei
två gånger [ˈtvo: ˌgɔŋ:ər] .... zweimal
tvål -en u [ˈtvo:l] .... die Seife
tvätt -en u [tvɛt:] .... die Wäsche
att **tvätta** [ˈtvɛt:a] .... waschen
tvättmaskin -en u [ˈtvɛt:maˌʂi:n] .... die Waschmaschine
tvättmedel -let n [ˈtvɛt:ˌme:dɛl] .... das Waschpulver
att **tycka** [ˈtʏk:a] .... meinen
tydlig [ˈty:dlɪg] .... deutlich
tyg -et n [ty:g] .... der Stoff
typ -en u [ty:p] .... der Typ
tyst [tʏs:t] .... leise
tyvärr [tʏˈvær:] .... leider
tå -n u [to:] .... der Zeh
tåg -et n [to:g] .... der Zug
tålmodig [ˈto:lmu:dɪg] .... geduldig
tånagel -n u [ˈto:ˌnɑ:gɛl] .... der Zehennagel
tårta -n u [ˈto:ʈa] .... die Torte
täcke -t n [ˈtɛk:ɛ] .... die Bettdecke
tält -et n [tɛl:t] .... das Zelt
att **tälta** [ˈtɛl:ta] .... zelten
att **tänka** [ˈtɛŋ:ka] .... denken
tärning -en u [ˈtæ:ɳɪŋ] .... der Würfel
tävling -en u [ˈtɛ:vlɪŋ] .... der Wettkampf
törst -en u [tœʂ:t] .... der Durst
törstig [ˈtœʂ:tɪg] .... durstig

Uu

uggla -n u [ˈɵg:la] .... die Eule
ugn -en u [ɵŋ:n] .... der Ofen

ull -en u [ɵl:] .... die Wolle
under [ˈɵn:dər] .... unter
underbar [ˈɵn:dərˌbɑ:r] .... wunderbar
underhållning -en u
[ˈɵn:dərˌhɔl:nɪŋ] .... die Unterhaltung
den **underjordiska parkeringen** u
[ˈɵn:dərju:ɖɪska parˌke:rɪŋən] .... die Tiefgarage
underkläder -na u [ˈɵn:dərˌklɛ:dər] .... die Unterwäsche
ung [ɵŋ:] .... jung
ungdom -en u [ˈɵŋ:dʊm] .... der/die Jugendliche
ungefär [ɵnjəˈfæ:r] .... ungefähr
uniform -en u [ɵnɪˈfɔr:m] .... die Uniform
universitet -et n [ɵnɪvæʂɪˈte:t] .... die Universität
universitetsexamen u .... der Hochschul-
[ɵnɪvɛʂɪˈte:tsɛkˌsɑ:mən] abschluss
uppe [ˈɵp:ɛ] .... oben
uppenbar [ˈɵp:ɛnˌbɑ:r] .... offensichtlich
uppjagad [ˈɵp:ˌjɑ:gad] .... aufgeregt
upptagen [ˈɵp:tɑ:gɛn] .... beschäftigt
upptaget [ˈɵp:tɑ:gət] .... besetzt
urinblåsa -n u [ɵˈri:nˌblo:sa] .... die Harnblase
ursäkt -en u [ˈʉ:ʂɛkt] .... die Entschuldigung
att **ursäkta sig** [ˈʉ:ʂɛkta sɛj] .... sich entschuldigen
USB-minne -t n [ʉ:ɛsˈbe:ˌmɪn:ə] .... der USB-Stick
utan [ˈʉ:tan] .... ohne
utanför [ˈʉ:tanfør] .... außerhalb
utanpå [ˈʉ:tanpɔ] .... außen
utbildning -en u [ˈʉ:tbɪlnɪŋ] .... die Ausbildung
ute [ˈʉ:tɛ] .... draußen
utfart -en u [ˈʉ:tˌfɑ:ʈ] .... die Ausfahrt
utflykt -en u [ˈʉ:tflʏkt] .... der Ausflug

utgång -en u [ˈʉ:tgɔŋ] .... der Ausgang
utlänning -en u [ˈʉ:tlɛnɪŋ] .... der, die Ausländer, Ausländerin
utom [ˈʉ:tɔm] .... außer
utomlands [ˈʉ:tɔmlans] .... das Ausland
utsikt -en u [ˈʉ:tsɪkt] .... die Aussicht
uttråkad [ˈʉ:tro:kad] .... gelangweilt

Vv

vaccination -en u [vaksinaˈʂu:n] .... die Impfung
vacker [ˈvak:ər] .... schön
vad [vɑ:] .... was
vaken [ˈvɑ:kɛn] .... wach
att **vakna** [ˈvɑ:kna] .... aufwachen
valnöt -en u [ˈvɑ:lnø:t] .... die Walnuss
valuta -n u [vaˈlʉ:ta] .... die Währung
att **vandra** [ˈvan:dra] .... wandern
vanligtvis [ˈvɑ:nlɪtˌvi:s] .... normalerweise
var [vɑ:r] .... je
var [vɑ:r] .... wo
att **vara** [ˈvɑ:ra] .... sein
att **vara informerad** [ˌvɑ:ra ɪnfɔrˈme:rad] .... Bescheid wissen
att **vara änka/änkling** [ˈvɑ:ra ˈɛŋ:ka/ˈɛŋ:klɪŋ] .... verwitwet
vardagsrum -met n [ˈvɑ:ɖasˌrɵm:] .... das Wohnzimmer
varför [ˈvar:fœr] .... warum
varg -en u [var:j] .... der Wolf

varifrån [ˈvɑːrɪfroːn] ... woher
varje [ˈvarːjɛ] ... jede(r, s)
varm [varːm] ... warm
den **varma korven** u
[ˈvarːma ˌkɔrːvən] ... der/das Hot Dog
vart [vaʈː] ... wohin
varuhus -et n [ˈvɑːreˌhʉːs] ... das Kaufhaus
vas -en u [vɑːs] ... die Vase
vatten -net n [ˈvatːɛn] ... das Wasser
vattenfall -et n [ˈvatːənˌfalː] ... der Wasserfall
vattenkokare -n u [ˈvatːɛnˌkuːkarə] ... der Wasserkocher
vattenkoppor -na u [ˈvatːənˌkɔpːʊr] ... die Windpocken
vattenkran -en u [ˈvatːɛnˌkrɑːn] ... der Wasserhahn
vattenmelon -en u [ˈvatːɛnmɛˌluːn] ... die Wassermelone
att **vattna** [ˈvatːna] ... gießen
vecka -n u [ˈvɛkːa] ... die Woche
veckodag -en u [ˈvɛkːʊˌdɑːg] ... der Wochentag
vegansk [vɛˈgɑːnsk] ... vegan
vegetarisk [vɛgɛˈtɑːrɪsːk] ... vegetarisch
vem [vɛmː] ... wer, wen, wem
vem som helst [ˈvɛmː sɔm ˌhɛlːst] ... irgendjemand
ven -en u [veːn] ... die Vene
verkligen [ˈværːklɪgən] ... wirklich
verkstad -en u [ˈværːkˌstɑːd] ... die Werkstatt
verktyg -et n [ˈværːkˌtʏg] ... das Werkzeug
vespa -n u [ˈvɛsːpa] ... der Motorroller
att **veta** [ˈveːta] ... wissen
vete -t n [ˈveːtɛ] ... der Weizen
vetenskap -en u [ˈveːtenˌskɑːp] ... die Wissenschaft
veterinär -en u [vɛtrɪˈnæːr] ... der, die Tierarzt, Tierärztin

vi [vi:] ..... wir
vid [vi:d] ..... an, am
vid [vi:d] ..... bei
vid [vi:d] ..... um
att **vidarebefordra** ['vi:darəbɛ'fu:ɖra] ..... weiterleiten
vikt -en u [vɪk:t] ..... das Gewicht
viktig ['vɪk:tɪg] ..... wichtig
att **vila** ['vi:la] ..... sich ausruhen
vild [vɪl:d] ..... wild
att **vilja** ['vɪl:ja] ..... wollen
vilken (t, a) ['vɪl:kɛn] ..... welche(r, s)
villkor -et n ['vɪl:ko:r] ..... die Bedingung
vin -et n [vi:n] ..... der Wein
vind -en u [vɪn:d] ..... der Wind
vindruta -n u ['vɪn:dˌrʉ:ta] ..... die Windschutzscheibe
vindrutetorkare -n u ['vɪn:drʉ:tɛˌtɔr:karə] ..... der Scheibenwischer
vindruva -n u ['vi:nˌdrʉ:va] ..... die Weintraube
vinge -n u ['vɪŋ:ɛ] ..... der Flügel
att **vinka** ['vɪŋ:ka] ..... winken
att **vinna** ['vɪn:a] ..... gewinnen
vinter -n u ['vɪn:tər] ..... der Winter
vinäger -n u [vɪ'nɛ:gər] ..... der Essig
virus -et n ['vi:rɵs] ..... das Virus
att **visa** ['vi:sa] ..... zeigen
vistelse -n u ['vɪs:tɛlsə] ..... der Aufenthalt
visum -et n ['vi:sɵm] ..... das Visum
vit [vi:t] ..... weiß
det **vita brödet** n ['vi:ta 'brø:dət] ..... das Weißbrot

vitamin -en u [vɪta'mi:n] .... das **Vitamin**
vitkål -en u ['vi:tko:l] .... der **Weißkohl**
vitlök -en u ['vi:t,lø:k] .... der **Knoblauch**
vittne -t n ['vɪt:nə] .... der, die **Zeuge, Zeugin**
vitvin -et n ['vi:t,vi:n] .... der **Weißwein**
volleyboll -en u ['vɔl:ɪ,bɔl:] .... der **Volleyball**
volym -en u [vʊ'ly:m] .... die **Lautstärke**
vulkan -en u [vɵl'kɑ:n] .... der **Vulkan**
den **vuxna** u ['vɵk:sna] .... der/die **Erwachsene**
vykort -et n ['vy:kʊʈ] .... die **Postkarte**
våffla -n u ['vɔf:la] .... die **Waffel**
våg -en u [vo:g] .... die **Waage**
våg -en u [vo:g] .... die **Welle**
våld -et n [vɔl:d] .... die **Gewalt**
våldtäkt -en u ['vɔl:d,tɛk:t] .... die **Vergewaltigung**
våning -en u ['vo:nɪŋ] .... die **Etage**
våningssäng -en u ['vo:nɪŋsɛŋ] .... das **Etagenbett**
vår -en u [vo:r] .... der **Frühling**
vår(t, a) [vo:r] .... **unser(e), unsere(r, s)**
vårdcentral -en u ['vo:ɖsɛn,trɑ:l] .... die **Pflegezentrale**
vårlök -en u ['vo:r,lø:k] .... die **Frühlingszwiebel**
våt [vo:t] .... **nass**
väckarklocka -n u ['vɛk:ar,klɔk:a] .... der **Wecker**
väder -ret n ['vɛ:dər] .... das **Wetter**
väderrapport -en u ['vɛ:dəra,pɔʈ:] .... der **Wetterbericht**
väg -en u [vɛ:g] .... der **Weg**
vägg -en u [vɛg:] .... die **Wand**
vägkrog -en u ['vɛ:g,kru:g] .... die **Raststätte**
att **välja** ['vɛl:ja] .... **wählen**
välkommen! ['vɛ:lkɔmən] .... **willkommen!**

vän -nen u [vɛn:] .... der, die Freund, Freundin
vänlig [ˈvɛ:nlɪg] .... freundlich
vänster [ˈvɛn:stər] .... linke(r, s)
att **vänta** [ˈvɛn:ta] .... warten
att **vänta sig** [ˈvɛn:ta sɛj] .... erwarten
väntrum -met n [ˈvɛn:tˌrəm:] .... das Wartezimmer
värde -t n [ˈvæ:ɖɛ] .... der Wert
värk -en u [vær:k] .... der Schmerz
värktablett -en u [ˈvær:ktabˌlɛt:] .... das Schmerzmittel
värld -en u [væ:ɖ] .... die Welt
världsrymd -en u [ˈvæ:ɖsˌrʏm:d] .... der Weltraum
värme -n u [ˈvær:mɛ] .... die Heizung
värmeflaska -n u [ˈvær:məˌflas:ka] .... die Wärmflasche
väska -n u [ˈvɛs:ka] .... die Tasche
väster [ˈvɛs:tər] .... der Westen
västlig [ˈvɛs:tlɪg] .... westlich
att **växa** [ˈvɛk:sa] .... wachsen
växel -n u [ˈvɛk:sɛl] .... das Wechselgeld
växelkurs -en u [ˈvɛk:sɛlˌkʊʂ:] .... der Wechselkurs
växellåda -n u [ˈvɛk:sɛˌlo:da] .... das Getriebe
att **växla** [ˈvɛk:sla] .... wechseln
växt -en u [vɛk:st] .... die Pflanze

V

Ww

wc -t n [ˈve:se:] .... das WC

Yy

yoghurt -en u ['jo:gət]	der/das Joghurt
yrke -t n ['ʏrkɛ]	der Beruf
yrsel -n u ['ʏʂ:ɛl]	der Schwindel
ytterst ['ʏt:ɛʂt]	äußerst

Zz

zebra -n u ['se:bra]	das Zebra
zoo n [su:]	der Zoo

Åå

att **åka** ['o:ka]	fahren
att **åka kälke** [ˌo:ka 'ɕɛl:kɛ]	Schlitten fahren
att **åka skridskor** [ˌo:ka 'skrɪs:kʊr]	Schlittschuh laufen
ålder -n u ['ɔl:dər]	das Alter
ånga -n u ['ɔŋ:a]	der Dampf
år -et n [o:r]	das Jahr
... är du snäll [... ˌe: dʉ: 'snɛl:]	bitte
årstid -en u ['o:ʂti:d]	die Jahreszeit
åsikt -en u ['o:sɪkt]	die Meinung
åska -n u ['ɔs:ka]	das Gewitter
åskådare -n u ['o:sko:darə]	der, die Zuschauer, Zuschauerin

åsna -n u [ˈoːsna]	der Esel
att **återhämta sig** [ˈoːtərhɛmta sɛj]	sich erholen
åtskilliga [ˈoːtʂɪlɪga]	etliche(r, s)
åtta [ˈɔtːa]	acht
åttio [ˈɔtːɪ]	achtzig

Ää

att **äga** [ˈɛːga]	besitzen
att **äga rum** [ˌɛːga ˈrɵmː]	stattfinden
ägg -et n [ɛgː]	das Ei
äggröra -n u [ˈɛgːˌrœːra]	das Rührei
äggula -n u [ˈɛgːˌʉːla]	das Eigelb
äggvita -n u [ˈɛgːˌviːta]	das Eiweiß
äkta [ˈɛkːta]	echt
älg -en u [ɛlːj]	Elch
att **älska** [ˈɛlːska]	lieben
att **ändra** [ˈɛnːdra]	ändern
äng -en u [ɛŋː]	die Wiese
ännu [ˈɛnːʏ]	noch
äntligen [ˈɛnːtlɪgɛn]	endlich
äppeljuice -n u [ˈɛpːɛlˌjuːs]	der Apfelsaft
äpple -t n [ˈɛpːlɛ]	der Apfel
är [eː]	bin, bist, ist, seid, sind
ärm -en u [æːrm]	der Ärmel
ärr -et n [æːr]	die Narbe
att **äta** [ˈɛːta]	essen

Öö

ö -n u [øː]	die Insel
ödla -n u [ˈøːdla]	die Eidechse
öga -t n [ˈøːga]	das Auge
ögonblick -et n [ˈøːgɔnblɪk]	der Moment
ögonbryn -et n [ˈøːgɔnˌbryːn]	die Augenbraue
ögonfrans -en u [ˈøːgɔnˌfranːs]	die Wimper
öken -nen u [ˈøːkɛn]	die Wüste
öl -en u/n [øːl]	das Bier
ömtålig [ˈœmːˌtoːlɪg]	zerbrechlich
att **önska** [ˈœnːska]	wünschen
önskan u [ˈœnːskan]	der Wunsch
öppen [ˈœpːɛn]	offen
öppettider -na u [ˈœpːɛˌtiːdər]	die Öffnungszeiten
att **öppna** [ˈœpːna]	öffnen
den **öppna spisen** u [ˈœpːna ˈspiːsɛn]	der Kamin
öppnad [ˈœpːnad]	geöffnet
öra -t n [ˈœːra]	das Ohr
ört -en u [œʈː]	das Kraut
örtte -et n [ˌœˈʈeː]	der Kräutertee
öster [ˈœsːtər]	der Osten
östlig [ˈœsːtlɪg]	östlich
över [ˈøːvər]	über
överallt [ˈøːvərˌalːt]	überall
överdel -en u [ˈøːvɛrˌdeːl]	das Oberteil
överfall -et n [ˈøːvɛrˌfalː]	der Überfall
övergångsställe -t n [ˈøːvɛrgɔŋˌstɛlːə]	der Zebrastreifen
överraskad [ˈøːvəˌrasːkad]	überrascht

överraskning -en u ['ø:vər,as:kniŋ] ..... die Überraschung
översvämning -en u ['ø:vər,svɛm:niŋ] ..... die Überschwemmung
övning -en u ['ø:vniŋ] ..... die Übung
övrig ['ø:vrig] ..... übrig

DEUTSCH
SCHWEDISCH

TYSKA
SVENSKA

A Aa

ab [ap]	från
der **Abend** -e ['a:bn̩t]	kväll -en u
das **Abendessen** - ['a:bn̩tʔɛsn̩]	middag -en u
aber ['a:bɐ]	men
der **Abfall** Abfälle ['apfal]	avfall -et n
der **Abfalleimer** - ['apfalʔaimɐ]	sophink -en u
der **Abflug** Abflüge ['apflu:k]	avgång -en u
abholen ['apho:lən]	att hämta
das **Abonnement** -s [abɔnə'mã:]	prenumeration -en u
der **Abschied** -e ['apʃi:t]	avsked -et n
die **Abteilung** -en [ap'tailʊŋ]	avdelning -en u
die **Abtreibung** -en ['aptraibʊŋ]	abort -en u
acht [axt]	åtta
Achtung! ['axtʊŋ]	obs!
achtzehn ['axtse:n]	arton
achtzig ['axtsɪç]	åttio
der **Adapter** - [a'daptɐ]	adapter -n u
die **Adresse** -n [a'drɛsə]	adress -en u
Afrika ['a:frika]	Afrika
die **Ahnung** -en ['a:nʊŋ]	aning -en u
das **Aids** *kein Pl* [e:ts]	aids
das **Akkordeon** -s [a'kɔrdeɔn]	dragspel -et n
der **Akku** -s ['aku]	batteri -et n
die **Akte** -n ['aktə]	akt -en u
aktuell [ak'tu̯ɛl]	aktuell
der **Albtraum** -träume ['alptraum]	mardröm -men u
der **Alkohol** *kein Pl* ['alkoho:l]	alkohol -en u
alkoholfrei [alko'ho:lfrai]	alkoholfri

alkoholisch [alko'ho:lɪʃ]	alkoholhaltig
all [al]	all
alle ['alə]	alla
allein [a'lain]	ensam
alleinstehend [a'lainʃte:ənt]	ensamstående
die **Allergie** -n [alɛr'gi:]	allergi -n u
allergisch [a'lɛrgɪʃ]	allergisk
alles ['aləs]	allt
als [als]	som
also ['alzo]	alltså
alt [alt]	gammal
das **Alter** - ['altɐ]	ålder -n u
das **Alu** *kein Pl* ['a:lu]	aluminium -et n
die **Alufolie** -n ['a:lufo:li̯ə]	aluminiumfolie -t n
am [am]	vid
die **Ameise** -n ['a:maizə]	myra -n u
die **Ampel** -n ['ampl̩]	trafikljus -et n
an [an]	vid
die **Ananas** -/-se ['ananas]	ananas -en u
anbieten ['anbi:tn̩]	att erbjuda
andere(r, s) ['andərə]	andra
ändern ['ɛndɐn]	att ändra
anders ['andɐs]	annorlunda
der **Anfang** Anfänge ['anfaŋ]	början - u
anfangen ['anfaŋən]	att börja
anfassen ['anfasn̩]	att röra
der/die **Angestellte** -n ['angəʃtɛltə]	den anställda u
die **Angst** Ängste [aŋ(k)st]	rädsla -n u
anhalten ['anhaltn̩]	att stoppa
ankommen ['ankɔmən]	att komma fram
die **Ankunft** Ankünfte ['ankʊnft]	ankomst -en u

A

die **Anmeldung** -en [ˈanmɛldʊŋ] ..... anmälan u
anprobieren [ˈanprobiːrən] ..... att prova
der **Anrufbeantworter** -
[ˈanruːfbəʔantvɔrtɐ] ..... telefonsvarare -n u
anrufen [ˈanruːfn̩] ..... att ringa
anschalten [ˈanʃaltn̩] ..... att sätta på
sich **anschnallen**
[ˈanʃnalən] ..... att spänna fast säkerhetsbältet
die **Antwort** -en [ˈantvɔrt] ..... svar -et n
antworten [ˈantvɔrtn̩] ..... att svara
die **Anzeige** -n [ˈantsaigə] ..... annons -en u
sich **anziehen** [ˈantsiːən] ..... att ta på sig
der **Anzug** Anzüge [ˈantsuːk] ..... kostym -en u
der **Apfel** Äpfel [ˈapfl̩] ..... äpple -t n
der **Apfelsaft** -säfte [ˈapfl̩zaft] ..... äppeljuice -n u
die **Apfelschorle** -n [ˈapfl̩ʃɔrlə] ..... äppeljuice med kolsyrat mineralvatten u/n
die **Apotheke** -n [apoˈteːkə] ..... apotek -et n
der, die **Apotheker, Apothekerin** -,
-nen [apoˈteːkɐ, apoˈteːkərɪn] ..... apotekare -n u
die **App** -s [ɛp] ..... app -en u
der **Appetit** -e [apeˈtiːt] ..... aptit -en u
die **Aprikose** -n [apriˈkoːzə] ..... aprikos -en u
der **April** -e [aˈprɪl] ..... april
die **Arbeit** -en [ˈarbait] ..... arbete -t n
arbeiten [ˈarbaitn̩] ..... att arbeta
der, die **Arbeitgeber,**
Arbeitgeberin -, -nen
[ˈarbaitgeːbɐ, ˈarbaitgeːbərɪn] ..... arbetsgivare -n u
der, die **Arbeitnehmer,**
Arbeitnehmerin -, -nen
[ˈarbaitneːmɐ, ˈarbaitneːmərɪn] ..... arbetstagare -n u

arbeitslos [ˈarbaitsloːs]	arbetslös
der **Ärger** *kein Pl* [ˈɛrgɐ]	bekym|mer -ret n
sich **ärgern** [ˈɛrgɐn]	att reta upp sig
arm [arm]	fattig
der **Arm** -e [arm]	arm -en u
die **Armbanduhr** -en [ˈarmbantʔuːɐ̯]	armbandsur -et n
der **Ärmel** - [ˈɛrml̩]	ärm -en u
arrogant [aroˈgant]	arrogant
die **Art** -en [aːɐ̯t]	slag -et n
die **Arterie** -n [arˈteːri̯ə]	artär -en u
der **Artikel** - [arˈtiːkl̩]	artikel -n u
die **Artischocke** -n [artiˈʃɔkə]	kronärtskocka -n u
der, die **Arzt, Ärztin** Ärzte, -nen [aːɐ̯tst, ˈɛːɐ̯tstɪn]	läkare -n u
der **Aschenbecher** - [ˈaʃn̩bɛçɐ]	askfat -et n
Asien [ˈaːzi̯ən]	Asien
der, die **Assistent, Assistentin** -en, -nen [asɪsˈtɛnt, asɪsˈtɛntɪn]	assistent -en u
der **Ast** Äste [ast]	gren -en u
das **Asthma** *kein Pl* [ˈastma]	astma -n u
das **Asyl** -e [aˈzyːl]	asyl -en u
die **Atemnot** *kein Pl* [ˈaːtəmnoːt]	andnöd -en u
atmen [ˈaːtmən]	att andas
attraktiv [atrakˈtiːf]	attraktiv
die **Aubergine** -n [obɛrˈʒiːnə]	aubergine -n u
auch [aux]	också
auf [auf]	på
auf Wiedersehen! [auf ˈviːdezeːən]	Adjö!
der **Aufenthalt** -e [ˈaufʔɛnthalt]	vistelse -n u
aufgeregt [ˈaufgəreːkt]	uppjagad
aufhören [ˈaufhøːrən]	att sluta

aufpassen ['aufpasn̩]	att se upp
aufräumen ['aufrɔymən]	att städa undan
aufschreiben ['aufʃraibn̩]	att skriva upp
aufstehen ['aufʃteːən]	att stiga upp
aufwachen ['aufvaxn̩]	att vakna
der **Aufzug** Aufzüge ['auftsuːk]	hiss -en u
das **Auge** -n ['augə]	öga -t n
die **Augenbraue** -n ['augn̩brauə]	ögonbryn -et n
der **August** -e [au'gʊst]	augusti
aus [aus]	från
die **Ausbildung** -en ['ausbɪldʊŋ]	utbildning -en u
die **Ausfahrt** -en ['ausfaːɐ̯t]	utfart -en u
der **Ausflug** Ausflüge ['ausfluːk]	utflykt -en u
der **Ausgang** Ausgänge ['ausgaŋ]	utgång -en u
ausgeben ['ausgeːbn̩]	att spendera
die **Auskunft** Auskünfte ['auskʊnft]	information -en u
das **Ausland** *kein Pl* ['auslant]	utomlands
der, die **Ausländer, Ausländerin** -, -nen ['auslɛndɐ, 'auslɛndərɪn]	utlänning -en u
ausleihen ['auslaiən]	att låna ut
der **Auspuff** -e ['auspʊf]	avgasrör -et n
sich **ausruhen** ['ausruːən]	att vila
ausschalten ['ausʃaltn̩]	att stänga av
außen ['ausn̩]	utanpå
außer ['ausɐ]	utom
außerhalb ['ausɐhalp]	utanför
äußerst ['ɔysɐst]	ytterst
die **Aussicht** -en ['auszɪçt]	utsikt -en u
aussteigen ['ausʃtaign̩]	att stiga av
der **Ausweis** -e ['ausvais]	identitetskort -et n

sich **ausziehen** ['austsi:ən] ... att ta av sig
der/die **Auszubildende** -n ['auszubɪldn̩də] ... lärling -en u
das **Auto** -s ['auto] ... bil -en u
die **Autobahn** -en ['autoba:n] ... motorväg -en u
das **Autobahnkreuz** -e ['autoba:nkrɔyts] ... motorvägskorsning -en u

Bb

das **Baby** -s ['be:bi] ... baby -n u
das **Babyfläschchen** - ['be:biflɛʃçən] ... nappflaska -n u
der **Bach** Bäche [bax] ... bäck -en u
backen ['bakn̩] ... att baka
der, die **Bäcker, Bäckerin** -, -nen ['bɛkɐ, 'bɛkərɪn] ... bagare -n u
die **Bäckerei** -en [bɛkə'rai] ... bageri -t n
der **Backofen** -öfen ['bak?o:fn̩] ... bakugn -en u
das **Bad** Bäder [ba:t] ... bad -et n
der **Badeanzug** -anzüge ['ba:də?antsu:k] ... baddräkt -en u
die **Badehose** -n ['ba:dəho:zə] ... badbyxor -na u
der **Bademantel** -mäntel ['ba:dəmantl̩] ... badrock -en u
baden ['ba:dn̩] ... att bada
die **Badewanne** -n ['ba:dəvanə] ... badkar -et n
das **Badezimmer** - ['ba:dətsɪmɐ] ... badrum -met n
das **Badminton** *kein Pl* ['bɛtmɪntn̩] ... badminton u
der **Badmintonschläger** - ['bɛtmɪntn̩ʃlɛ:gɐ] ... badmintonracket -en u

B

der **Bagger** – [ˈbagɐ]	grävskopa -n u
die **Bahn** -en [ba:n]	järnväg -en u
der **Bahnhof** -höfe [ˈba:nho:f]	järnvägsstation -en u
der **Bahnsteig** -e [ˈba:nʃtaik]	perrong -en u
bald [balt]	snart
der **Balkon** -s/-e [balˈkɔŋ]	balkong -en u
der **Ball** Bälle [bal]	boll -en u
die **Banane** -n [baˈna:nə]	banan -en u
die **Band** -s [bɛnt]	band -et n
die **Bandage** -n [banˈda:ʒə]	dauerbinda -n u
die **Bank** Bänke [baŋk]	bänk -en u
die **Bank** Banken [baŋk]	bank -en u
die **Bankleitzahl** -en [ˈbaŋklaittsa:l]	bankkod -en u
die **Bar** -s [ba:ɐ̯]	bar -en u
der **Bär** -en [bɛ:ɐ̯]	björn -en u
das **Bargeld** *kein Pl* [ˈba:ɐ̯gɛlt]	kontanter -na u
der **Bart** Bärte [ba:ɐ̯t]	skägg -et n
das **Basilikum** *kein Pl* [baˈzi:likum]	basilika -n u
basteln [ˈbastl̩n]	att pyssla
die **Batterie** -n [batəˈri:]	batteri -et n
der **Bauch** Bäuche [baux]	buk -en u
der **Bauchnabel** – [ˈbauxna:bl̩]	navel -n u
bauen [ˈbauən]	att bygga
der, die **Bauer, Bäuerin** -n, -nen [ˈbauɐ, ˈbɔyərɪn]	bonde -n u
der **Bauernhof** -höfe [ˈbauɐnho:f]	bondgård -en u
der **Baum** Bäume [baum]	träd -et n
der **Baumarkt** -märkte [ˈbaumarkt]	byggaffär -en u
die **Baumwolle** *kein Pl* [ˈbaumvɔlə]	bomull -en u
die **Baustelle** -n [ˈbauʃtɛlə]	byggnadsplats -en u
der **Beamer** – [ˈbi:mɐ]	projektor -n u

beantworten [bəˈʔantvɔrtn̩] ..... att besvara
der **Becher** – [ˈbɛçɐ] ..... mugg -en u
sich **bedanken** [bəˈdaŋkn̩] ..... att tacka
bedauern [bəˈdauɐn] ..... att beklaga
bedeckt [bəˈdɛkt] ..... mulen
bedeuten [bəˈdɔytn̩] ..... att betyda
bedienen [bəˈdiːnən] ..... att betjäna
die **Bedingung** -en [bəˈdɪŋʊŋ] ..... villkor -et n
sich **beeilen** [bəˈʔailən] ..... att skynda sig
beenden [bəˈʔɛndn̩] ..... att avsluta
die **Beerdigung** -en [bəˈʔeːɐ̯dɪgʊŋ] ..... begravning -en u
die **Beere** -n [ˈbeːrə] ..... bär -et n
beginnen [bəˈgɪnən] ..... att börja
begrüßen [bəˈgryːsn̩] ..... att hälsa
behalten [bəˈhaltn̩] ..... att behålla
der **Behälter** – [bəˈhɛltɐ] ..... behållare -n u
die **Behandlung** -en [bəˈhandlʊŋ] ..... behandling -en u
behindert [bəˈhɪndɐt] ..... handikappad
die **Behinderung** -en [bəˈhɪndərʊŋ] ..... handikapp -et n
bei [bai] ..... hos
bei [bai] ..... vid
beide [ˈbaidə] ..... båda
das **Bein** -e [bain] ..... ben -et n
beißen [ˈbaisn̩] ..... att bita
der/die **Bekannte** -n [bəˈkantə] ..... den bekanta u
bekommen [bəˈkɔmən] ..... att få
belästigen [bəˈlɛstɪgn̩] ..... att antasta
benutzen [bəˈnʊtsn̩] ..... att använda
das **Benzin** *kein Pl* [bɛnˈtsiːn] ..... bensin -en u
der **Benzintank** -s [bɛnˈtsiːntaŋk] ..... bensintank -en u

B

beobachten [bəˈʔoːbaxtn̩]	att observera
bequem [bəˈkveːm]	bekväm
der **Bereich** -e [bəˈraiç]	område -t n
bereit [bəˈrait]	beredd
bereits [bəˈraits]	redan
der **Berg** -e [bɛrk]	berg -et n
der **Bericht** -e [bəˈrɪçt]	rapport -en u
der **Beruf** -e [bəˈruːf]	yrke -t n
sich **beruhigen** [bəˈruːɪgn̩]	att lugna sig
berühren [bəˈryːrən]	att beröra
beschäftigt [bəˈʃɛftɪçt]	upptagen
Bescheid geben -e [bəˈʃait]	att ge besked
Bescheid wissen -e [bəˈʃait]	att vara informerad
beschreiben [bəˈʃraibn̩]	att beskriva
sich **beschweren** [bəˈʃveːrən]	att klaga
der **Besen** - [ˈbeːzn̩]	sopborste -n u
besetzt [bəˈzɛtst]	upptaget
besitzen [bəˈzɪtsn̩]	att äga
besondere(r, s) [bəˈzɔndərə]	särskild
besonders [bəˈzɔndɐs]	särskilt
die **Besprechung** -en [bəˈʃprɛçʊŋ]	möte -t n
besser [ˈbɛsɐ]	bättre
beste(r, s) [ˈbɛstə]	bäst
das **Besteck** -e [bəˈʃtɛk]	bestick -et n
bestellen [bəˈʃtɛlən]	att beställa
die **Bestellung** -en [bəˈʃtɛlʊŋ]	beställning -en u
bestimmt [bəˈʃtɪmt]	absolut
bestrafen [bəˈʃtraːfn̩]	att bestraffa
bestürzt [bəˈʃtʏrtst]	bestört
der **Besuch** -e [bəˈzuːx]	besök -et n
besuchen [bəˈzuːxn̩]	att besöka

B

der, die **Besucher, Besucherin** -, -nen [bəˈzuːxɐ, bəˈzuːxərɪn] .... besökare -n u
die **Betäubung** -en [bəˈtɔybʊŋ] .... bedövning -en u
beten [ˈbeːtn̩] .... att be
der **Betrag** Beträge [bəˈtraːk] .... belopp -et n
betrunken [bəˈtrʊŋkn̩] .... berusad
das **Bett** -en [bɛt] .... säng -en u
die **Bettdecke** -n [ˈbɛtdɛkə] .... täcke -t n
die **Bettwäsche** -n [ˈbɛtvɛʃə] .... sängkläder -na n
beurteilen [bəˈʔʊrtailən] .... att bedöma
bevor [bəˈfoːɐ̯] .... innan
sich **bewegen** [bəˈveːgn̩] .... att röra sig
der **Beweis** -e [bəˈvais] .... bevis -et n
sich **bewerben** [bəˈvɛrbn̩] .... att ansöka
der, die **Bewerber, Bewerberin** -, -nen [bəˈvɛrbɐ, bəˈvɛrbərɪn] .... den arbetssökande u
die **Bewerbung** -en [bəˈvɛrbʊŋ] .... ansökning -en u
das **Bewerbungsgespräch** -e [bəˈvɛrbʊŋsgəʃprɛːç] .... anställningsintervju -n u
bewusstlos [bəˈvʊstloːs] .... medvetslös
das **Bewusstsein** *kein Pl* [bəˈvʊstzain] .... medvetande -t n
bezahlen [bəˈtsaːlən] .... att betala
die **Beziehung** -en [bəˈtsiːʊŋ] .... förhållande -t n
der **BH** -/-s [beːˈhaː] .... bh -n u
die **Bibliothek** -en [biblioˈteːk] .... bibliotek -et n
die **Biene** -n [ˈbiːnə] .... bi -et n
das **Bier** -e [biːɐ̯] .... öl -en u/n
bieten [ˈbiːtn̩] .... att bjuda
das **Bild** -er [bɪlt] .... bild -en u
der **Bildschirm** -e [ˈbɪltʃɪrm] .... bildskärm -en u

B

die **Bildung** *kein Pl* ['bɪldʊŋ] .... bildning -en u
billig ['bɪlɪç] .... billig
bin [bɪn] .... är
das **Bioprodukt** -e ['bi:oprodʊkt] .... ekoprodukt -en u
die **Birne** -n ['bɪrnə] .... päron -et n
bis [bɪs] .... till
bisschen ['bɪsçən] .... lite grand
bist [bɪst] .... är
bitte ['bɪtə] ....är du snäll
bitten um ['bɪtən ʊm] .... att be om
die **Blase** -n ['bla:zə] .... blåsa -n u
blass [blas] .... blek
das **Blatt** Blätter [blat] .... blad -et n
blau [blau] .... blå
bleiben ['blaibn̩] .... att stanna
bleifrei ['blaifrai] .... blyfri
der **Bleistift** -e ['blaiʃtɪft] .... blyertspenna -n u
blind [blɪnt] .... blind
der **Blinddarm** -därme ['blɪntdarm] .... blindtarm -en u
der **Blindenhund** -e ['blɪndn̩hʊnt] .... blindhund -en u
der **Blindenstock** -stöcke ['blɪndn̩ʃtɔk] .... blindkäpp -en u
das **Blinklicht** -er ['blɪŋklɪçt] .... blinker -n u
der **Blitz** -e [blɪts] .... blixt -en u
blöd [blø:t] .... dum
blühen ['bly:ən] .... att blomma
die **Blume** -n ['blu:mə] .... blomma -n u
der **Blumenkohl** *kein Pl* ['blu:mənko:l] .... blomkål -en u
die **Bluse** -n ['blu:zə] .... blus -en u
das **Blut** *kein Pl* [blu:t] .... blod -et n

der **Blutdruck** -e/-drücke ['blu:tdrʊk] ... blodtryck -et n
die **Blüte** -n ['bly:tə] ... blomma -n u
bluten ['blu:tn̩] ... att blöda
die **Blutung** -en ['blu:tʊŋ] ... blödning -en u
der **Boden** Böden ['bo:dn̩] ... mark -en u
die **Bohne** -n ['bo:nə] ... böna -n u
bohren ['bo:rən] ... att borra
die **Bombe** -n ['bɔmbə] ... bomb -en u
das/der **Bonbon** -s [bɔŋ'bɔŋ] ... karamell -en u
die **Bordkarte** -n ['bɔrtkartə] ... boardingkort -et n
die **Börse** -n ['bœrzə] ... börs -en u
böse ['bø:zə] ... arg
die **Botschaft** -en ['bo:tʃaft] ... ambassad -en u
das **Boxen** *kein Pl* ['bɔksn̩] ... boxning -en u
der **Brand** Brände [brant] ... brand -en u
die **Brandwunde** -n ['brantvʊndə] ... brännskada -n u
braten ['bra:tn̩] ... att steka
die **Bratpfanne** -n ['bra:tpfanə] ... stekpanna -n u
brauchen ['brauxn̩] ... att behöva
braun [braun] ... brun
die **Braut** Bräute [braut] ... brud -en u
der **Bräutigam** -e ['brɔytɪgam] ... brudgum -men u
brechen ['brɛçn̩] ... att bryta
der **Brei** -e [brai] ... mos -et n
breit [brait] ... bred
die **Bremse** -n ['brɛmzə] ... broms -en u
bremsen ['brɛmzn̩] ... att bromsa
das **Bremspedal** -e ['brɛmspeda:l] ... bromspedal -en u
brennen ['brɛnən] ... att brinna
die **Brezel** -n ['bre:tsl̩] ... kringla -n u

B

der **Brief** -e [bri:f] ..... brev -et n
der **Briefkasten** -kästen ['bri:fkastn̩] ... brevlåda -n u
die **Briefmarke** -n ['bri:fmarkə] ..... frimärke -t n
die **Brieftasche** -n ['bri:ftaʃə] ..... plånbok -en u
der, die **Briefträger, Briefträgerin** -, -nen ['bri:ftrɛ:gɐ, 'bri:ftrɛ:gərɪn] ..... brevbärare -n u
die **Brille** -n ['brɪlə] ..... glasögon -en u
das **Brillenglas** -gläser ['brɪlənglа:s] .. lins -en u
bringen ['brɪŋən] ..... att ta med
die **Brise** -n ['bri:zə] ..... bris -en u
der **Brokkoli** -/-s ['brɔkoli] ..... broccoli -n u
die **Brombeere** -n ['brɔmbe:rə] ..... björnbär -et n
die **Bronchitis** Bronchitiden [brɔn'çi:tɪs] ..... bronkit -en u
das **Brot** -e [bro:t] ..... bröd -et n
das **Brötchen** - ['brø:tçən] ..... fralla -n u
die **Brücke** -n ['brʏkə] ..... bro -n u
der **Bruder** Brüder ['bru:dɐ] ..... bro|r -dern u
der **Brunnen** - ['brʊnən] ..... fontän -en u
die **Brust** Brüste [brʊst] ..... bröst -et n
das **Buch** Bücher [bu:x] ..... bok -en u
buchen ['bu:xn̩] ..... att boka
das **Bücherregal** -e ['by:çɐrega:l] ..... bokhylla -n u
die **Buchhandlung** -en ['bu:xhandlʊŋ] ..... bokhandel -n u
der **Buchstabe** -n ['bu:xʃta:bə] ..... bokstav -en u
buchstabieren [bu:xʃta'bi:rən] ..... att stava
die **Bucht** -en [bʊxt] ..... bukt -en u
das **Bügelbrett** -bretter ['by:glbrɛt] ... strykbräda -n u
das **Bügeleisen** - ['by:gl̩ʔaizn̩] ..... strykjärn -et n

bügeln [ˈbyːgl̩n]	att stryka
die **Bühne** -n [ˈbyːnə]	scen -en u
bunt [bʊnt]	färggrann
die **Burg** -en [bʊrk]	borg -en u
der **Bürgersteig** -e [ˈbʏrgɐʃtaik]	trottoar -en u
das **Büro** -s [byˈroː]	kontor -et n
die **Büroklammer** -n [byˈroːklamɐ]	gem -et n
die **Bürste** -n [ˈbʏrstə]	borste -n u
der **Bus** -se [bʊs]	buss -en u
der **Busbahnhof** -höfe [ˈbʊsbaːnhoːf]	busstation -en u
der, die **Busfahrer, Busfahrerin** -, -nen [ˈbʊsfaːrɐ, ˈbʊsfaːrərɪn]	busschaufför -en u
die **Bushaltestelle** -n [ˈbʊshaltəʃtɛlə]	busshållplats -en u
die **Butter** *kein Pl* [ˈbʊtɐ]	smör -et n

C

Cc

das **Café** -s [kaˈfeː]	kafé -et n
der **Campingplatz** -plätze [ˈkɛmpɪŋplats]	campingplats -en u
der **Cappuccino** -s [kapʊˈtʃiːno]	cappuccino -n u
die **CD-ROM** [-s] [tseːdeːˈrɔm]	CD-romskiva -n u
der **CD-Spieler** - [tseːˈdeːʃpiːlɐ]	CD-spelare -n u
das **Cello** -s/Celli [ˈtʃɛlo]	cello -n u
Celsius *kein Pl* [ˈtsɛlzi̯ʊs]	Celsius
der **Champignon** -s [ˈʃampɪnjɔŋ]	champinjon -en u
die **Chance** -n [ˈʃãːsə]	chans -en u
der **Check-in-Automat** -en [ˈtʃɛkʔɪnʔautomaːt]	incheckningsautomat -en u

C

der **Check-in-Schalter** – ['tʃɛkʔɪnʃaltɐ] .... incheckningsdisk -en u
der, die **Chef, Chefin** -s, -nen [ʃɛf, 'ʃɛfɪn] .... chef -en u
die **Chips** *Pl* [tʃips] .... chips -en u
der, die **Chirurg, Chirurgin** -en, -nen [çi'rʊrk, çi'rʊrgɪn] .... kirurg -en u
das **Cholesterin** *kein Pl* [kolɛste'ri:n] . kolesterol -et n
der **Chor** Chöre [ko:ɐ̯] .... kör -en u
das **Cockpit** -s ['kɔkpɪt] .... cockpit -en u
der **Cocktail** -s ['kɔkte:l] .... cocktail -en u
die/das **Cola** -s ['ko:la] .... Coca-Cola -n u
der **Computer** – [kɔm'pju:tɐ] .... dator -n u
die **Cornflakes** *Pl* ['ko:ɐ̯nfle:ks] .... cornflakes -en n
der **Couchtisch** -e ['kautʃtɪʃ] .... soffbord -et n
der/das **Couscous** – ['kʊskʊs] .... couscous u
der, die **Cousin, Cousine** -s, -n [ku'zɛ̃:, ku'zi:nə] .... kusin -en u
das **Croissant** -s [kroa'sã:] .... croissant -en u
das/der **Curry** -s ['kœri] .... curry -n u

Dd

da [da:] .... där
dabei [da'bai] .... med den
das **Dach** Dächer [dax] .... tak -et n
der **Dachboden** -böden ['daxbo:dn̩] .... vind -en u
der **Dachs** -e [daks] .... grävling -en u
der **Dachziegel** – ['daxtsi:gl̩] .... takteg|el -let n

dadurch [da'dʊrç] .... genom det
die **Dame** -n ['da:mə] .... dam -en u
damit [da'mɪt] .... med den
der **Dampf** Dämpfe [dampf] .... ånga -n u
der **Dank** *kein Pl* [daŋk] .... tack -et n
dann [dan] .... då
darf ich ...? [darf ɪç ...] .... får jag ...?
das **Darlehen** - ['da:ɐ̯le:ən] .... lån -et n
der **Darm** Därme [darm] .... tarm -en u
das [das] .... *den, det*
dass [das] .... att
die **Datei** -en [da'tai] .... fil -en u
die **Daten** *Pl* ['da:tn̩] .... data n
die **Dattel** -n ['datl̩] .... dadel -n u
das **Datum** Daten ['da:tʊm] .... datum -et n
dauern ['dauɐn] .... att dröja
der **Daumen** - ['daumən] .... tumme -n u
davon [da'fɔn] .... från den
davor [da'fo:ɐ̯] .... innan
dazu [da'tsu:] .... till den
die **Decke** -n ['dɛkə] .... tak -et n
der **Deckel** - ['dɛkl̩] .... lock -et n
dein(e) ['dain(ə)] .... din (tt, a)
deine(r, s) ['dainə] .... din (tt, a)
der **Delfin** -e [dɛl'fi:n] .... delfin -en u
die **Demenz** -en [de'mɛnts] .... demens -en u
denken ['dɛŋkn̩] .... att tänka
das **Denkmal** -mäler ['dɛŋkma:l] .... monument -et n
denn [dɛn] .... för
das **Deodorant** -s/-e [deodo'rant] .... deodorant -en u
die **Depression** -en [deprɛ'sjo:n] .... depression -en u

D

der [deːɐ̯]	*den, det*
deshalb [ˈdɛshalp]	därför
das **Desinfektionsmittel** - [dɛsʔɪnfɛkˈtsi̯oːnsmɪtl̩]	desinfektionsmed|el -let n
das **Dessert** -s [dɛˈseːɐ]	dessert -en u
deswegen [dɛsˈveːgn̩]	därför
deutlich [ˈdɔytlɪç]	tydlig
der **Dezember** - [deˈtsɛmbɐ]	december
der **Diabetes** *kein Pl* [diaˈbeːtɛs]	diabetes -en u
die **Diagnose** -n [diaˈgnoːzə]	diagnos -en u
der **Diamant** -en [diaˈmant]	diamant -en u
die **Diät** -en [diˈɛːt]	diet -en u
dich [dɪç]	dig
dick [dɪk]	tjock
dickköpfig [ˈdɪkkœpfɪç]	envis
die [diː]	*den, det*
der **Diebstahl** -stähle [ˈdiːpʃtaːl]	stöld -en u
die **Diele** -n [ˈdiːlə]	hall -en u
der **Dienstag** -e [ˈdiːnstaːk]	tisdag -en u
diese(r, s) [ˈdiːzə]	den(t) här
der **Diesel** *kein Pl* [ˈdiːzl̩]	diesel -n u
digital [digiˈtaːl]	digital
die **Digitalkamera** -s [digiˈtaːlkaməra]	digitalkamera -n u
der **Dinkel** *kein Pl* [ˈdɪŋkl̩]	speltvete -t n
dir [diːɐ]	dig
der **Dollar** -s [ˈdɔlar]	dollar -n u
der **Dom** -e [doːm]	domkyrka -n u
der **Döner** - [ˈdøːnɐ]	döner kebab -en u
der **Donner** - [ˈdɔnɐ]	åska -n u
der **Donnerstag** -e [ˈdɔnɐstaːk]	torsdag -en u

doof [ˈdoːf] .... dum
das **Doppelbett** -en [ˈdɔpl̩bɛt] .... dubbelsäng -en u
der **Doppeldecker** – [ˈdɔpl̩dɛkɐ] .... dubbeldeckare -n u
doppelt [ˈdɔpl̩t] .... dubbelt
das **Doppelzimmer** – [ˈdɔpl̩tsɪmɐ] .... dubbelrum -met n
das **Dorf** Dörfer [dɔrf] .... by -n u
der **Dorn** -en [dɔrn] .... tagg -en u
dort [dɔrt] .... där
die **Dose** -n [ˈdoːzə] .... konserv -en u
der **Dosenöffner** – [ˈdoːzn̩ʔœfnɐ] .... konservöppnare -n u
der **Download** -s [ˈdaunloːt] .... nedladdning -en u
der **Draht** Drähte [draːt] .... metalltråd -en u
draußen [ˈdrausn̩] .... ute
drei [drai] .... tre
dreimal [ˈdraimaːl] .... tre gånger
dreißig [ˈdraisɪç] .... trettio
dreizehn [ˈdraitseːn] .... tretton
dringend [ˈdrɪŋənt] .... bråttom
drinnen [ˈdrɪnən] .... inne
dritte(r, s) [ˈdrɪtə] .... tredje
das/der **Drittel** – [ˈdrɪtl̩] .... tredjedel -en u
die **Drogerie** -n [drogəˈriː] .... parfymaffär -en u
drucken [ˈdrʊkn̩] .... att trycka ut
drücken [ˈdrʏkn̩] .... att trycka
du [duː] .... du
dumm [dʊm] .... dum
dunkel [ˈdʊŋkl̩] .... mörk
dünn [dʏn] .... tunn
durch [dʊrç] .... genom
der **Durchfall** Durchfälle [ˈdʊrçfal] .... diarré -n u
dürfen [ˈdʏrfn̩] .... att få

D

die **Dürre** -n ['dʏrə] .... torka -n u
der **Durst** *kein Pl* [dʊrst] .... törst -en u
durstig ['dʊrstɪç] .... törstig
die **Dusche** -n ['du:ʃə] .... dusch -en u
sich **duschen** ['du:ʃn̩] .... att duscha
das **Duschgel** -e/-s ['du:ʃge:l] .... duschgel -en u
die **DVD** -s [de:fau'de:] .... dvd -n u

D

Ee

eben ['e:bn̩] .... slät
echt [ɛçt] .... äkta
die **EC-Karte** -n [e:'tse:kartə] .... kontantkort -et n
die **Ecke** -n ['ɛkə] .... hörn -et n
der/das **Efeu** *kein Pl* ['e:fɔy] .... murgröna -n u
die **Ehefrau** -en ['e:əfrau] .... fru -n u
der **Ehemann** -männer ['e:əman] .... man -nen u
das **Ehepaar** -e ['e:əpa:ɐ̯] .... det gifta paret n
das **Ei** -er [ai] .... ägg -et n
die **Eiche** -n ['aiçə] .... ek -en u
das **Eichhörnchen** - ['aiçhœrnçən] .... ekorre -en u
die **Eidechse** -n ['aidɛksə] .... ödla -n u
eifersüchtig ['aifɐzʏçtɪç] .... svartsjuk
das **Eigelb** -e/- ['aigɛlp] .... äggula -n u
eigentlich ['aign̩tlɪç] .... egentligen
das **Eigentum** *kein Pl* ['aign̩tu:m] .... fastighet -en u
eilig ['ailɪç] .... bråttom
der **Eimer** - ['aimɐ] .... spann -en u
ein(e) ['ain(ə)] .... en, ett

der **Ein-/Aus-Schalter** - ['ain'ʔausʃaltɐ] .... strömbrytare -n u
die **Einbahnstraße** -n ['ainba:nʃtra:sə] .... den enkelriktade vägen u
der **Einbruch** Einbrüche ['ainbrux] .... inbrott -et n
einchecken ['aintʃɛkn̩] .... att checka in
einfach ['ainfax] .... enkel
die **Einfahrt** -en ['ainfa:ɐt] .... infart -en u
der **Eingang** Eingänge ['aingaŋ] .... ingång -en u
einige(r, s) ['ainɪgə] .... några
der **Einkauf** Einkäufe ['ainkauf] .... inköp -et n
einkaufen ['ainkaufn̩] .... att handla
der **Einkaufswagen** - ['ainkaufsva:gn̩] .... inköpsvagn -en u
das **Einkaufszentrum** -zentren ['ainkaufstsɛntrʊm] .... köpcentrum -et n
einladen ['ainla:dn̩] .... att bjuda in
die **Einladung** -en ['ainla:dʊŋ] .... inbjudan u
einmal ['ainma:l] .... en gång u
eins [ains] .... en, ett
einschalten ['ainʃaltn̩] .... att sätta på
einschlafen ['ainʃla:fn̩] .... att somna
einsteigen ['ainʃtaign̩] .... att stiga på
der **Eintopf** Eintöpfe ['aintɔpf] .... gryta -n u
das **Einzelbett** -en ['aintslbɛt] .... enkelsäng -en u
das **Einzelzimmer** - ['aintsl̩tsɪmɐ] .... enkelrum -met n
das **Eis** *kein Pl* [ais] .... is -en u
der **Eisbär** -en ['aisbɛ:ɐ] .... isbjörn -en u
die **Eiscreme** -s/-n ['aiskre:m] .... glass -en u
das **Eishockey** *kein Pl* ['aishɔki] .... ishockey -n u
der **Eistee** -s ['aiste:] .... iste -t n
das **Eiweiß** -e/- ['aivais] .... äggvita -n u

das **Ekzem** -e [ɛk'tse:m] .... eksem -et n
der **Elefant** -en [ele'fant] .... elefant -en u
elektrisch [e'lɛktrɪʃ] .... elektrisk
elf [ɛlf] .... elva
der **Ellbogen** - ['ɛlbo:gn̩] .... armbåge -n u
die **Eltern** *Pl* ['ɛltɐn] .... föräldrar -na u
die **Elternzeit** -en ['ɛltɐntsait] .... föräldraledighet -en u
die/das **E-Mail** -s ['i:me:l] .... e-mejl -et n
die **E-Mail-Adresse** -n ['i:me:lʔadrɛsə] .... e-mejladres -en u
der/das **Embryo** -s/-nen ['ɛmbryo] . embryo -t n
empfehlen [ɛm'pfe:lən] .... att rekommendera
empfindlich [ɛm'pfɪntlɪç] .... känslig
das **Ende** -n ['ɛndə] .... slut -et n
enden ['ɛndn̩] .... att sluta
endlich ['ɛntlɪç] .... äntligen
die **Energie** -n [enɛr'gi:] .... energi -n u
eng [ɛŋ] .... trång
der, die **Enkel, Enkelin** -, -nen ['ɛŋkl̩, 'ɛŋkəlɪn] .... barnbarn -et n
die **Ente** -n ['ɛntə] .... anka -n u
entfernen [ɛnt'fɛrnən] .... att ta bort
entlassen werden [ɛnt'lasn̩ ve:ɐ̯dn̩] .... att bli uppsagd
sich **entschuldigen** [ɛnt'ʃʊldɪgn̩] .... att ursäkta sig
die **Entschuldigung** -en [ɛnt'ʃʊldɪgʊŋ] .... ursäkt -en u
sich **entspannen** [ɛnt'ʃpanən] .... att slappna av
die **Entspannung** -en [ɛnt'ʃpanʊŋ] .. avslappning -en u
die **Entzündung** -en [ɛnt'tsʏndʊŋ] ... inflammation -en u
die **Epidemie** -n [epide'mi:] .... epidemi -n u
die **Epilepsie** -n [epilɛ'psi:] .... epilepsi -n u

er [eːɐ̯]	han
das **Erdbeben** – [ˈeːɐ̯tbeːbn̩]	jordbävning -en u
die **Erdbeere** -n [ˈeːɐ̯tbeːrə]	jordgubbe -n u
die **Erde** -n [ˈeːɐ̯də]	jord -en u
das **Erdgeschoss** -e [ˈeːɐ̯tgəʃɔs]	bottenvåning -en u
die **Erdkunde** *kein Pl* [ˈeːɐ̯tkʊndə]	geografi -n u
die **Erdnuss** -nüsse [ˈeːɐ̯tnʊs]	jordnöt -en u
der **Erdrutsch** -e [ˈeːɐ̯trʊtʃ]	jordskred -et n
die **Erdung** -en [ˈeɐ̯dʊŋ]	jordning -en u
das **Ereignis** -se [ɛɐ̯ˈʔaignɪs]	händelse -n u
erfahren [ɛɐ̯ˈfaːrən]	att erfara
der **Erfolg** -e [ɛɐ̯ˈfɔlk]	framgång -en u
erfolgreich [ɛɐ̯ˈfɔlkraiç]	framgångsrik
das **Ergebnis** -se [ɛɐ̯ˈgeːpnɪs]	resultat -et n
erhalten [ɛɐ̯ˈhaltn̩]	att få
sich **erholen** [ɛɐ̯ˈhoːlən]	att återhämta sig
sich **erinnern** [ɛɐ̯ˈʔɪnɐn]	att minnas
die **Erkältung** -en [ɛɐ̯ˈkɛltʊŋ]	förkylning -en u
erkennen [ɛɐ̯ˈkɛnən]	att känna igen
erklären [ɛɐ̯ˈklɛːrən]	att förklara
erlauben [ɛɐ̯ˈlaubn̩]	att tillåta
die **Ermäßigung** -en [ɛɐ̯ˈmɛːsɪgʊŋ]	rabatt -en u
ernst [ɛrnst]	allvarlig
ernten [ˈɛrntn̩]	att skörda
der **Ersatz** *kein Pl* [ɛɐ̯ˈzats]	ersättning -en u
sich **erschrecken** [ɛɐ̯ˈʃrɛkn̩]	att bli förskräckt
erst [eːɐ̯st]	först
die **erste Hilfe** *kein Pl* [eːɐ̯stə ˈhɪlfə]	första hjälpen
erste(r, s) [ˈeːɐ̯stə]	första
ertrinken [ɛɐ̯ˈtrɪŋkn̩]	att drunkna
der/die **Erwachsene** -n [ɛɐ̯ˈvaksənə]	den vuxna u

E

erwarten [ɛɐ̯ˈvartn̩] .... att vänta sig
erzählen [ɛɐ̯ˈtsɛːlən] .... att berätta
es [ɛs] .... den, det
der **Esel** – [ˈeːzl̩] .... åsna -n u
der **Espresso** -s/Espressi [ɛsˈprɛso] ... espresso -n u
E
essen [ˈɛsn̩] .... att äta
das **Essen** *kein Pl* [ˈɛsn̩] .... mat -en u
der **Essig** *kein Pl* [ˈɛsɪç] .... vinäger -n u
der **Esstisch** -e [ˈɛstɪʃ] .... matbord -et n
das **Esszimmer** – [ˈɛstsɪmɐ] .... matrum -met n
die **Etage** -n [eˈtaːʒə] .... våning -en u
das **Etagenbett** -en [eˈtaːʒənbɛt] .... våningssäng -en u
etliche(r, s) [ˈɛtlɪçə] .... åtskilliga
etwas [ˈɛtvas] .... något
die **EU** [eːˈʔuː] .... EU
euch [ɔyç] .... er
euer(e) [ˈɔyər(ə)] .... er (t, a)
euere(r, s) [ˈɔyərə] .... er (t, a)
die **Eule** -n [ˈɔylə] .... uggla -n u
der **Euro** -[s] [ˈɔyro] .... euro -n u
Europa [ɔyˈroːpa] .... Europa
die **Europäische Union**
[ɔyroˈpɛːɪʃə uˈni̯oːn] .... Europeiska unionen
ewig [ˈeːvɪç] .... evig
die **Explosion** -en [ɛksploˈzi̯oːn] .... explosion -en u
extern [ɛksˈtɛrn] .... extern

Ff

die **Fabrik** -en [faˈbriːk] .... fabrik -en u
der **Faden** Fäden [ˈfaːdn̩] .... tråd -en u

fähig [ˈfɛːɪç]	duktig
die **Fahne** -n [ˈfaːnə]	fana -n u
die **Fähre** -n [ˈfɛːrə]	färja -n u
fahren [ˈfaːrən]	att köra
fahren [ˈfaːrən]	att åka
die **Fahrkarte** -n [ˈfaːɐ̯kartə]	biljett -en u
der **Fahrkartenautomat** -en [ˈfaːɐ̯kartn̩ʔautomaːt]	biljettmaskin -en u
der **Fahrplan** -pläne [ˈfaːɐ̯plaːn]	tidtabell -en u
der **Fahrpreis** -e [ˈfaːɐ̯prais]	avgift -en u
das **Fahrrad** -räder [ˈfaːɐ̯raːt]	cykel -n u
der **Fahrradhelm** -e [ˈfaːɐ̯raːthɛlm]	cykelhjälm -en u
der **Fahrradweg** -e [ˈfaːɐ̯raːtveːk]	cykelbana -n u
die **Fahrspur** -en [ˈfaːɐ̯ʃpuːɐ̯]	fil -en u
der **Fahrstuhl** -stühle [ˈfaːɐ̯ʃtuːl]	hiss -en u
die **Fahrt** -en [faːɐ̯t]	färd -en u
das **Fahrzeug** -e [ˈfaːɐ̯tsɔyk]	fordon -et n
der **Fall** Fälle [fal]	fall -et n
fallen [ˈfalən]	att falla
fallen lassen [ˈfalən lasn̩]	att tappa
falls [fals]	ifall
falsch [falʃ]	falsk
die **Familie** -n [faˈmiːli̯ə]	familj -en u
fangen [ˈfaŋən]	att fånga
die **Farbe** -n [ˈfarbə]	färg -en u
fast [fast]	nästan
das **Fastfood** *kein Pl* [ˈfaːstfuːt]	snabbmat -en u
faul [faul]	lat
faulig [ˈfaulɪç]	rutten
das **Faxgerät** -e [ˈfaksgərɛːt]	telefax -en u
der **Februar** -e [ˈfeːbruaːɐ̯]	februari

F

die **Feder** -n [ˈfeːdɐ]	fjäder -n u
der **Federball** -bälle [ˈfeːdɐbal]	badmintonboll -en u
das **Federmäppchen** - [ˈfeːdɐmɛpçən]	pennfodral -et n
fegen [ˈfeːgn̩]	att sopa
der **Fehler** - [ˈfeːlɐ]	fel -et n
die **Fehlgeburt** -en [ˈfeːlgəbuːɐ̯t]	missfall -et n
die **Feier** -n [ˈfaiɐ]	firande -t n
der **Feiertag** -e [ˈfaiɐtaːk]	helgdag -en u
die **Feige** -n [ˈfaigə]	fikon -et n
fein [ˈfain]	fin
das **Feld** -er [fɛlt]	fält -et n
der **Feldsalat** -e [ˈfɛltzalaːt]	fältsallad -en u
das **Fell** -e [fɛl]	päls -en u
der **Felsen** - [ˈfɛlzn̩]	klippa -n u
der **Fenchel** *kein Pl* [ˈfɛnçl̩]	fänkål -en u
das **Fenster** - [ˈfɛnstɐ]	fönst|er -ret n
die **Ferien** *Pl* [ˈfeːri̯ən]	lov -et n
die **Fernbedienung** -en [ˈfɛrnbədiːnʊŋ]	fjärrkontroll -en u
fernsehen [ˈfɛrnzeːən]	att titta på teve
der **Fernseher** - [ˈfɛrnzeːɐ]	teve -n u
die **Ferse** -n [ˈfɛrzə]	häl -en u
fertig [ˈfɛrtɪç]	färdig
fest [fɛst]	fast
das **Fest** -e [fɛst]	fest -en u
die **Festplatte** -n [ˈfɛstplatə]	hårddisk -en u
das **Fett** -e [fɛt]	fett -et n
fett [fɛt]	fet
fettarm [ˈfɛtʔarm]	fettsnål
fettig [ˈfɛtɪç]	flottig

feucht [fɔyçt]	fuktig
das **Feuer** - [ˈfɔyɐ]	eld -en u
der **Feuerlöscher** - [ˈfɔyɐlœʃɐ]	brandsläckare -n u
die **Feuerwache** -n [ˈfɔyɐvaxə]	brandstation -en u
die **Feuerwehr** -en [ˈfɔyɐveːɐ̯]	brandkår -en u
das **Feuerzeug** -e [ˈfɔyɐtsɔyk]	cigarettändare -n u
das **Fieber** - [ˈfiːbɐ]	feber -n u
der **Film** -e [fɪlm]	film -en u
der **Filter** - [ˈfɪltɐ]	filt|er -ret n
der **Filzstift** -e [ˈfɪltsʃtɪft]	tuschpenna -n u
finden [ˈfɪndn̩]	att hitta
der **Finger** - [ˈfɪŋɐ]	fing|er -ret n
der **Fingerabdruck** -abdrücke [ˈfɪŋɐʔapdrʊk]	fingeravtryck -et n
der **Fingerknöchel** - [ˈfɪŋɐknœçl̩]	knoge -n u
der **Fingernagel** -nägel [ˈfɪŋɐnaːgl̩]	fingernagel -n u
der **Fisch** -e [fɪʃ]	fisk -en u
das **Fitnessstudio** -s [ˈfɪtnɛsʃtuːdi̯o]	gym -met n
flach [flax]	platt
das **Fladenbrot** -e [ˈflaːdn̩broːt]	det pitabröd n
die **Flasche** -n [ˈflaʃə]	flaska -n u
der **Flaschenöffner** - [ˈflaʃn̩ʔœfnɐ]	flasköppnare -n u
die **Flatrate** -s [ˈflɛtreɪt]	den fast avgift u
der **Fleck** -e/-en [flɛk]	fläck -en u
die **Fledermaus** -mäuse [ˈfleːdɐmaus]	fladdermus -en u
das **Fleisch** *kein Pl* [flaiʃ]	kött -et n
die **Fliege** -n [ˈfliːgə]	fluga -n u
fliegen [ˈfliːgn̩]	att flyga
fliehen [ˈfliːən]	att fly
der **Floh** Flöhe [floː]	loppa -n u

F

fluchen ['flu:xn̩] .... att svära
flüchten ['flʏçtn̩] .... att fly
der **Flüchtling** -e ['flʏçtlɪŋ] .... flykting -en u
der **Flug** Flüge [flu:k] .... flyg -en u
der, die **Flugbegleiter,**
Flugbegleiterin -, -nen
['flu:kbəglaitɐ, 'flu:kbəglaitərɪn] .... flygvärdinna -n u
der **Flügel** - ['fly:gl̩] .... vinge -n u
die **Fluggesellschaft** -en
['flu:kgəzɛlʃaft] .... flygbolag -et n
der **Flughafen** -häfen ['flu:kha:fn̩] .... flygplats -en u
das **Flugzeug** -e ['flu:ktsɔyk] .... flygplan -et n
der **Flur** -e [flu:ɐ̯] .... hall -en u
der **Fluss** Flüsse [flʊs] .... flod -en u
flüssig ['flʏsɪç] .... flytande
der **Föhn** -e [fø:n] .... hårtork -en u
föhnen ['fø:nən] .... att föna
folgen ['fɔlgn̩] .... att följa
die **Forelle** -n [fo'rɛlə] .... forell -en u
die **Forschung** -en ['fɔrʃʊŋ] .... forskning -en u
fort [fɔrt] .... bort
das **Foto** -s ['fo:to] .... foto -t n
das **Fotoalbum** -alben ['fo:toʔalbʊm] .... fotoalbum -et n
der **Fotoapparat** -e ['fo:toʔapara:t] .... kamera -n u
fotografieren [fotogra'fi:rən] .... att fotografera
die **Frage** -n ['fra:gə] .... fråga -n u
fragen ['fra:gn̩] .... att fråga
die **Frau** -en [frau] .... kvinna -n u
Frau ... [frau ...] .... Fru ...
frei [frai] .... fri
der **Freitag** -e ['fraita:k] .... fredag -en u

die **Freizeit** *kein Pl* [ˈfraitsait]	fritid -en u
fremd [frɛmt]	främmande
die **Fremdsprache** -n [ˈfrɛmtʃpraːxə]	det främmande språket n
die **Freude** -n [ˈfrɔydə]	glädje -n u
sich **freuen** [ˈfrɔyən]	att glädja sig
sich **freuen auf** [ˈfrɔyən auf]	att se fram emot
der, die **Freund, Freundin** -e, -nen [frɔynt, ˈfrɔyndɪn]	vän -nen u
freundlich [ˈfrɔyntlɪç]	vänlig
der **Frieden** *kein Pl* [ˈfriːdn̩]	fred -en u
der **Friedhof** -höfe [ˈfriːthoːf]	kyrkogård -en u
friedlich [ˈfriːtlɪç]	fredlig
frisch [frɪʃ]	frisk
frisch [frɪʃ]	färsk
die **Frischhaltefolie** -n [ˈfrɪʃhaltəfoːli̯ə]	plastfolie -n u
der **Frischkäse** - [ˈfrɪʃkɛːzə]	färskost -en u
der, die **Friseur, Friseurin** -e, -nen [friˈzøːɐ̯, friˈzøːrɪn]	frisör -en u
der **Friseursalon** -s [friˈzøːɐ̯zalɔŋ]	frisersalong -en u
frittieren [frɪˈtiːrən]	att fritera
froh [froː]	glad
der **Frosch** Frösche [frɔʃ]	groda -n u
der **Frost** Fröste [frɔst]	frost -en u
die **Frucht** Früchte [frʊxt]	frukt -en u
früh [fryː]	tidig
das **Frühchen** - [ˈfryːçən]	det för tidigt födda barnet n
der **Frühling** -e [ˈfryːlɪŋ]	vår -en u

F

die **Frühlingszwiebel** -n ['fry:lɪŋstsvi:bl̩] .... vårlök -en u
das **Frühstück** -stücke ['fry:ʃtʏk] .... frukost -en u
die **Frühstücksflocken** *Pl* ['fry:ʃtʏksflɔkn̩] .... flingor -na u
der **Fuchs** Füchse [fʊks] .... räv -en u
sich **fühlen** ['fy:lən] .... att känna sig
der **Führerschein** -e ['fy:rɐʃain] .... körkort -et n
füllen ['fʏlən] .... att fylla
fünf [fʏnf] .... fem
fünfzehn ['fʏnftse:n] .... femton
fünfzig ['fʏnftsɪç] .... femtio
für [fy:ɐ̯] .... för
der **Fuß** Füße [fu:s] .... fot -en u
der **Fußball** *kein Pl* ['fu:sbal] .... fotboll -en u
der **Fußboden** -böden ['fu:sbo:dn̩] .... golv -et n
die **Fußgängerzone** -n ['fu:sgɛŋɐtso:nə] .... gågata -n u
das **Fußgelenk** -e ['fu:sgəlɛŋk] .... fotled -en u
füttern ['fʏtɐn] .... att mata

Gg

die **Gabel** -n ['ga:bl̩] .... gaffel -n u
der **Gang** Gänge [gaŋ] .... gång -en u
die **Gans** Gänse [gans] .... gås -en u
ganz [gants] .... hel
ganze(r, s) ['gantsə] .... hela
die **Garage** -n [ga'ra:ʒə] .... garage -t n
die **Garnele** -n [gar'ne:lə] .... räka -n u

der **Garten** Gärten ['gartn̩]	**trädgård** -en u
das **Gartenhaus** -häuser ['gartn̩haus]	**skjul** -et n
gärtnern ['gɛrtnɐn]	att **trädgårdsarbeta**
das **Gas** -e [ga:s]	**gas** -en u
das **Gaspedal** -e ['ga:speda:l]	**gaspedal** -en u
die **Gasse** -n ['gasə]	**gränd** -en u
der **Gast** Gäste [gast]	**gäst** -en u
die **Gaststätte** -n ['gastʃtɛtə]	**restaurang** -en u
das **Gebäck** -e [gə'bɛk]	**bakverk** -et n
gebacken [gə'bakən]	**bakad**
die **Gebärdensprache** -n [gə'bɛ:ɐ̯dn̩ʃpra:xə]	**teckenspråk** -et n
die **Gebärmutter** -mütter [gə'bɛ:ɐ̯mʊtɐ]	**livmoder** -n u
das **Gebäude** – [gə'bɔydə]	**byggnad** -en u
geben ['ge:bn̩]	att **ge**
gebraten [gə'bra:tən]	**stekt**
die **Gebühr** -en [gə'by:ɐ̯]	**avgift** -en u
die **Geburt** -en [gə'bu:ɐ̯t]	**födsel** -n u
der **Geburtstag** -e [gə'bu:ɐ̯tsta:k]	**födelsedag** -en u
das **Gedächtnis** -se [gə'dɛçtnɪs]	**minne** -t n
geduldig [gə'dʊldɪç]	**tålmodig**
die **Gefahr** -en [gə'fa:ɐ̯]	**fara** -n u
gefährlich [gə'fɛ:ɐ̯lɪç]	**farlig**
gefallen [gə'falən]	att **behaga**
das **Gefängnis** -se [gə'fɛŋnɪs]	**fängelse** -t n
das **Geflügel** *kein Pl* [gə'fly:gl̩]	**fågel** -n u
der **Gefrierschrank** -schränke [gə'fri:ɐ̯ʃraŋk]	**frys** -en u
das **Gefühl** -e [gə'fy:l]	**känsla** -n u

gegen [ˈgeːgn̩]	mot
gegenüber [geːgn̩ˈʔyːbɐ]	mittemot
das **Gehalt** Gehälter [gəˈhalt]	lön -en u
gehen [geːən]	att gå
das **Gehirn** -e [gəˈhɪrn]	hjärna -n u
gehören [gəˈhøːrən]	att tillhöra
gehörlos [gəˈhøːɐ̯loːs]	döv
der **Gehweg** -e [ˈgeːveːk]	gångväg -en u
die **Geige** -n [ˈgaigə]	fiol -en u
gekocht [gəˈkɔxt]	kokt
gelähmt [gəˈlɛːmt]	förlamad
gelangweilt [gəˈlaŋvailt]	uttråkad
gelb [gɛlp]	gul
das **Geld** Gelder [gɛlt]	pengar -na u
der **Geldautomat** -en [ˈgɛltʔautomaːt]	bankomat -en u
der **Geldbeutel** – [ˈgɛltbɔytl̩]	börs -n u
der **Geldschein** -e [ˈgɛltʃain]	sedel -n u
die **Gelegenheit** -en [gəˈleːgn̩hait]	tillfälle -t n
gemäß [gəˈmɛːs]	enligt
das **Gemüse** – [gəˈmyːzə]	grönsak -en u
gemütlich [gəˈmyːtlɪç]	mysig
genau [gəˈnau]	noga
genießen [gəˈniːsn̩]	att njuta
genug [gəˈnuːk]	nog
geöffnet [gəˈʔœfnət]	öppnad
das **Gepäck** *kein Pl* [gəˈpɛk]	bagage -t n
die **Gepäckkontrolle** -n [gəˈpɛkkɔntrɔlə]	kontroll av bagage
gerade [gəˈraːdə]	rak
geradeaus [gəraːdəˈʔaus]	rakt fram

das **Geräusch** -e [gəˈrɔyʃ] .... ljud -et n
das **Gericht** -e [gəˈrɪçt] .... maträtt -en u
das **Gericht** -e [gəˈrɪçt] .... domstol -en u
gering [gəˈrɪŋ] .... ringa
gern(e) [ˈgɛrn(ə)] .... gärna
die **Gerste** *kein Pl* [ˈgɛrstə] .... korn -et n
der **Geruch** Gerüche [gəˈrʊx] .... lukt -en u
das **Geschäft** -e [gəˈʃɛft] .... affär -en u
das **Geschenk** -e [gəˈʃɛŋk] .... present -en u
die **Geschichte** *kein Pl* [gəˈʃɪçtə] .... historia -n u
geschieden [gəˈʃiːdn̩] .... skild
das **Geschirr** -e [gəˈʃɪr] .... porslin -et n
das **Geschirrtuch** -tücher [gəˈʃɪrtuːx] .... kökshandduk -en u
das **Geschlecht** -er [gəˈʃlɛçt] .... kön -et n
der **Geschlechtsverkehr** *kein Pl* [gəˈʃlɛçtsfɛɐ̯keːɐ̯] .... samlag -et n
geschlossen [gəˈʃlɔsn̩] .... stängd
der **Geschmack** Geschmäcke(r) [gəˈʃmak] .... smak -en u
der **Geschmacksverstärker** - [gəˈʃmaksfɛɐ̯ʃtɛrkɐ] .... smakförstärkare -n u
die **Geschwindigkeit** -en [gəˈʃvɪndɪçkait] .... hastighet -en u
die **Geschwister** *Pl* [gəˈʃvɪstɐ] .... syskon -et n
das **Geschwür** -e [gəˈʃvyːɐ̯] .... sår -et n
das **Gesicht** -er [gəˈzɪçt] .... ansikte -et n
gestern [ˈgɛstɐn] .... igår
gestresst [gəˈʃtrɛst] .... stressad
gesund [gəˈzʊnt] .... frisk

G

die **Gesundheit** *kein Pl* [gəˈzʊnthait] ... hälsa -n u
das **Getränk** -e [gəˈtrɛŋk] ... dryck -en u
das **Getriebe** - [gəˈtriːbə] ... växellåda -n u
die **Gewalt** *kein Pl* [gəˈvalt] ... våld -et n
das **Gewicht** *kein Pl* [gəˈvɪçt] ... vikt -en u
gewinnen [gəˈvɪnən] ... att vinna
das **Gewitter** - [gəˈvɪtɐ] ... åska -n u
das **Gewürz** -e [gəˈvʏrts] ... krydda -n u
gießen [ˈgiːsn̩] ... att vattna
das **Gift** -e [gɪft] ... gift -et n
die **Giraffe** -n [giˈrafə] ... giraff -en u
das **Girokonto** -konten [ˈʒiːrokɔnto] ... girokonto -t n
die **Gitarre** -n [giˈtarə] ... gitarr -en u
das **Glas** Gläser [glaːs] ... glas -et n
glatt [glat] ... jämn
die **Glatze** -n [ˈglatsə] ... flintskalle -n u
glauben [ˈglaubn̩] ... att tro
gleich [glaiç] ... lik
das **Gleis** -e [ˈglais] ... järnvägsspår -et n
die **Gleisnummer** -n [ˈglaisnʊmɐ] ... spårnum|mer -ret n
das **Glück** *kein Pl* [glʏk] ... lycka -n u
glücklich [ˈglʏklɪç] ... lycklig
der **Glückwunsch** -wünsche [ˈglʏkvʊnʃ] ... lyckönskan u
die **Glühbirne** -n [ˈglyːbɪrnə] ... glödlampa -n u
das **Gluten** *kein Pl* [gluˈteːn] ... gluten -et n
glutenfrei [gluˈteːnfrai] ... glutenfri
das **Gold** *kein Pl* [gɔlt] ... guld -et n
der **Goldfisch** -e [ˈgɔltfɪʃ] ... guldfisk -en u
das **Golf** *kein Pl* [gɔlf] ... golf -en u
der **Golfschläger** - [ˈgɔlfʃlɛːgɐ] ... golfklubba -n u

der **Gorilla** -s [goˈrɪla] .... gorilla -n u
der **Gott** Götter [gɔt] .... gud -en u
das **Grab** Gräber [graːp] .... grav -en u
der/das **Grad** -e [graːt] .... grad -en u
das **Gramm** -e/- [gram] .... gram -met n
die **Grapefruit** -s [ˈgreːpfruːt] .... grapefrukt -en u
grau [grau] .... grå
grillen [ˈgrɪlən] .... att grilla
die **Grippe** -n [ˈgrɪpə] .... influensa -n u
groß [groːs] .... stor
großartig [ˈgroːsʔaːɐ̯tɪç] .... storartad
die **Größe** -n [ˈgrøːsə] .... storlek -en u
die **Großeltern (mütterlicherseits)** *Pl* [ˈgroːsʔɛltɐn] .... morföräldrar -na u
die **Großeltern (väterlicherseits)** *Pl* [ˈgroːsʔɛltɐn] .... farföräldrar -na u
die **Großmutter (mütterlicherseits)** -mütter [ˈgroːsmʊtɐ] .... mormo|r -dern u
die **Großmutter (väterlicherseits)** -mütter [ˈgroːsmʊtɐ] .... farmo|r -dern u
die **Großstadt** -städte [ˈgroːsʃtat] .... storstad -en u
der **Großvater (mütterlicherseits)** -väter [ˈgroːsfaːtɐ] .... morfa|r -dern u
der **Großvater (väterlicherseits)** -väter [ˈgroːsfaːtɐ] .... farfa|r -dern u
grün [gryːn] .... grön
der **Grund** Gründe [grʊnt] .... orsak -en u
die **Grundschule** -n [ˈgrʊntʃuːlə] .... grundskola -n u
das **Grundstück** -e [ˈgrʊntʃtʏk] .... tomt -en u
die **Gruppe** -n [ˈgrʊpə] .... grupp -en u
der **Gruß** Grüße [gruːs] .... hälsning -en u

grüßen ['gry:sn̩] .... att hälsa
die **Grußkarte** -n ['gru:skartə] .... gratulationskort -et n
der/das **Gummi** -s ['gʊmi] .... gummi -t n
der **Gummihandschuh** -e ['gʊmihantʃu:] .... gummihandske -n u
der **Gummistiefel** - ['gʊmiʃti:fl̩] .... gummistövel -n u
günstig ['gʏnstɪç] .... gynnsam
die **Gurke** -n ['gʊrkə] .... gurka -n u
G
der **Gürtel** - ['gʏrtl̩] .... skärp -et n
gut [gu:t] .... god
gut [gu:t] .... bra
das **Gymnasium** Gymnasien [gʏm'na:zi̯ʊm] .... gymnasi|um -et n

Hh

das **Haar** -e [ha:ɐ̯] .... hår -et n
die **Haarbürste** -n ['ha:ɐ̯bʏrstə] .... hårborste -n u
der/das **Haargummi** -s ['ha:ɐ̯gʊmi] .... hårsnodd -en u
habe ['ha:bə] .... har
haben ['ha:bn̩] .... att ha
habt ['ha:pt] .... har
das **Hackfleisch** *kein Pl* ['hakflaiʃ] .... köttfärs -en u
der **Hafen** Häfen ['ha:fn̩] .... hamn -en u
der **Hafer** *kein Pl* ['ha:fɐ] .... havre -t n
der **Hagel** *kein Pl* ['ha:gl̩] .... hag|el -let n
der **Hahn** Hähne [ha:n] .... tupp -en u
das **Hähnchen** - ['hɛ:nçən] .... kyckling -en u
halb [halp] .... halv

die **Halbpension** *kein Pl* ['halppãzi̯o:n] .... halvpension -en u
die **Hälfte** -n ['hɛlftə] .... hälft -en u
die **Halle** -n ['halə] .... hall -en u
hallo! [ha'lo:] .... Hej!
der **Hals** Hälse [hals] .... hals -en u
die **Halskette** -n ['halskɛtə] .... halskedja -n u
die **Halsschmerzen** *Pl* ['halsʃmɛrtsn̩] .... ont i halsen
halten ['haltn̩] .... att hålla

H

die **Haltestelle** -n ['haltəʃtɛlə] .... hållplats -en u
der **Hamburger** - ['hamburgɐ] .... hamburgare -n u
der **Hammer** Hämmer ['hamɐ] .... hammare -n u
hämmern ['hɛmɐn] .... att hamra
die **Hand** Hände [hant] .... hand -en u
der **Handball** *kein Pl* ['hantbal] .... handboll -en u
die **Handbremse** -n ['hantbrɛmzə] .... handbroms -en u
das **Handgelenk** -e ['hantgəlɛŋk] .... handled -en u
das **Handgepäck** *kein Pl* ['hantgəpɛk] .... handbagage -t n
der **Handschuh** -e ['hantʃu:] .... handske -n u
die **Handtasche** -n ['hanttaʃə] .... handväska -n u
das **Handtuch** -tücher ['hanttu:x] .... handduk -en u
der, die **Handwerker, Handwerkerin** -, -nen ['hantvɛrkɐ, 'hantvɛrkərɪn] .... hantverkare -n u
das **Handy** -s ['hɛndi] .... mobiltelefon -en u
die **Harnblase** -n ['harnbla:zə] .... urinblåsa -n u
hart [hart] .... hård
die **Haselnuss** -nüsse ['ha:zl̩nʊs] .... hasselnöt -en u
hassen ['hasn̩] .... att hata

hässlich [ˈhɛslɪç] .... ful
hast [hast] .... har
hat [hat] .... har
der **Hauptbahnhof** -höfe [ˈhauptba:nho:f] .... centralstation -en u
die **Hauptstadt** -städte [ˈhauptʃtat] .... huvudstad -en u
das **Haus** Häuser [haus] .... hus -et n
die **Hausaufgabe** -n [ˈhausʔaufga:bə] .... läxa -n u

H

der **Hausschuh** -e [ˈhausʃu:] .... toffel -n u
die **Haut** Häute [haut] .... hud -en u
der **Hautausschlag** -ausschläge [ˈhautʔausʃla:k] .... hudutslag -et n
die **Hebamme** -n [ˈhe:pʔamə] .... barnmorska -n u
heben [ˈhe:bn̩] .... att lyfta
die **Hecke** -n [ˈhɛkə] .... häck -en u
die **Hefe** -n [ˈhe:fə] .... jäst -en u
das **Hefeweizen** - [ˈhe:fəvaitsn̩] .... veteöl -et n
heiraten [ˈhaira:tn̩] .... att gifta sig
heiß [hais] .... het
heißen [ˈhaisn̩] .... att heta
der **Heizkörper** - [ˈhaitskœrpɐ] .... element -et n
die **Heizung** -en [ˈhaitsʊŋ] .... värme -n u
helfen [ˈhɛlfn̩] .... att hjälpa
hell [hɛl] .... ljus
der **Helm** -e [hɛlm] .... hjälm -en u
das **Hemd** -en [hɛmt] .... skjorta -n u
herausfinden [hɛˈrausfɪndn̩] .... att ta reda på
der **Herbst** -e [hɛrpst] .... höst -en u
der **Herd** -e [he:ɐt] .... spis -en u
der **Herr** -en [hɛr] .... herre -n u

Herr ... [hɛr ...]	Herr ...
das **Herz** -en [hɛrts]	hjärta -t n
der **Herzinfarkt** -e [ˈhɛrtsʔɪnfarkt]	hjärtinfarkt -en u
der **Heuschnupfen** - [ˈhɔyʃnʊpfn̩]	hösnuva -n u
heute [ˈhɔytə]	idag
hier [hiːɐ̯]	här
Hilfe! [ˈhɪlfə]	Hjälp!
die **Himbeere** -n [ˈhɪmbeːrə]	hallon -et n
der **Himmel** *kein Pl* [ˈhɪml̩]	him|mel -len u
hin [hɪn]	mot
hinken [ˈhɪŋkən]	att halta
sich **hinlegen** [ˈhɪnleːgn̩]	att lägga sig ned
sich **hinsetzen** [ˈhɪnzɛtsn̩]	att sätta sig ned
hinten [ˈhɪntn̩]	bak
hinter [ˈhɪntɐ]	bakom
die **Hirnhautentzündung** -en [ˈhɪrnhautʔɛnttsʏndʊŋ]	hjärnhinneinflam-mation -en u
das **HIV** *kein Pl* [haːʔiːˈfau]	hiv
das **Hobby** -s [ˈhɔbi]	hobby -n u
hoch [hoːx]	hög
das **Hochhaus** -häuser [ˈhoːxhaus]	höghus -et n
der **Hochschulabschluss** -abschlüsse [ˈhoːxʃuːlʔapʃlʊs]	universitetsexamen u
die **Hochschule** -n [ˈhoːxʃuːlə]	högskola -n u
die **Hochzeit** -en [ˈhɔxtsait]	bröllop -et n
der **Hocker** - [ˈhɔkɐ]	pall -en u
der **Hoden** - [ˈhoːdn̩]	testikel -n u
der **Hof** Höfe [hoːf]	gård -en u
hoffen [ˈhɔfn̩]	att hoppas
die **Hoffnung** -en [ˈhɔfnʊŋ]	hopp -et n
höflich [ˈhøːflɪç]	hövlig

die **Höhle** -n [ˈhøːlə] .... grotta -n u
holen [ˈhoːlən] .... att hämta
das **Holz** *kein Pl* [hɔlts] .... trä -t n
die **Holzkohle** -n [ˈhɔltskoːlə] .... träkol -et n
der **Honig** *kein Pl* [ˈhoːnɪç] .... honung -en u
hören [ˈhøːrən] .... att höra
das **Hörgerät** -e [ˈhøːɐ̯gərɛːt] .... hörapparat -en u
die **Hose** -n [ˈhoːzə] .... byxor -na u
der/das **Hot Dog** -s [ˈhɔt dɔk] .... den varma korven u

H

das **Hotel** -s [hoˈtɛl] .... hotell -et n
hübsch [hʏpʃ] .... vacker
der **Hubschrauber** - [ˈhuːpʃraubɐ] .... helikopter -n u
der **Huf** -e [huːf] .... hov -en u
die **Hüfte** -n [ˈhʏftə] .... höft -en u
der **Hügel** - [ˈhyːgl̩] .... kulle -n u
das **Huhn** Hühner [huːn] .... höna -n u
die **Hülsenfrucht** -früchte [ˈhʏlzn̩frʊxt] .... baljfrukt -en u
die **Hummel** -n [ˈhʊml̩] .... humla -n u
der **Hummer** - [ˈhʊmɐ] .... hummer -n u
der **Hund** -e [hʊnt] .... hund -en u
hundert [ˈhʊndɐt] .... hundra
der **Hunger** *kein Pl* [ˈhʊŋɐ] .... hunger -n u
hungrig [ˈhʊŋrɪç] .... hungrig
die **Hupe** -n [ˈhuːpə] .... tuta -n u
der **Hurrikan** -e/-s [ˈhʊrikan] .... orkan -en u
husten [ˈhuːstn̩] .... att hosta
das/der **Hustenbonbon** -s [ˈhuːstn̩bɔŋbɔŋ] .... halstablett -en u
der **Hustensaft** -säfte [ˈhuːstn̩zaft] .... hostmedicin -en u
der **Hut** Hüte [huːt] .... hatt -en u

Ii

die **IBAN** -s [ˈiːban]	IBAN
ich [ɪç]	jag
die **Idee** -n [iˈdeː]	idé -n u
der **Igel** - [ˈiːgl̩]	igelkott -en u
ihm [iːm]	honom
ihn [iːn]	honom
ihnen [ˈiːnən]	dem
Ihnen [ˈiːnən]	er
ihr [iːɐ̯]	ni
ihr [iːɐ̯]	henne
Ihr(e) [ˈiːɐ̯(rə)]	er (t, a)
Ihre(r, s) [ˈiːɐ̯rə]	er (t, a)
ihre(r, s) [ˈiːɐ̯rə]	deras
ihre(r, s) [ˈiːɐ̯rə]	hennes
immer [ˈɪmɐ]	alltid
die **Impfung** -en [ˈɪmpfʊŋ]	vaccination -en u
in [ɪn]	i
der **Index** -e/Indizes [ˈɪndɛks]	index -et n
die **Industrie** -n [ɪndʊsˈtriː]	industri -n u
der **Infekt** -e [ɪnˈfɛkt]	infektion -en u
die **Information** -en [ɪnfɔrmaˈtsi̯oːn]	information -en u
der, die **Ingenieur, Ingenieurin** -e, -nen [ɪnʒeˈni̯øːɐ̯, ɪnʒeˈni̯øːrɪn]	ingenjör -en u
der **Ingwer** *kein Pl* [ˈɪŋvɐ]	ingefära -n u
der **Inhalator** -en [ɪnhaˈlaːtoːɐ̯]	inhalator -n u

I

das **Inlineskaten** *kein Pl* [ˈɪnlainskeːtn̩]	inlineskridskoåkning -n u
innen [ˈɪnən]	inuti
die **Innenstadt** -städte [ˈɪnənʃtat]	innerstad -en u
innere(r, s) [ˈɪnərə]	inre
innerhalb [ˈɪnɐhalp]	inom
das **Insekt** -en [ɪnˈzɛkt]	insekt -en u
der **Insektenstich** -e [ɪnˈzɛktn̩ʃtɪç]	insektsbett -et n
die **Insel** -n [ˈɪnzl̩]	ö -n u
installieren [ɪnstaˈliːrən]	att installera
das **Instrument** -e [ɪnstruˈmɛnt]	intrument -et n
intelligent [ɪntɛliˈgɛnt]	intelligent
interessant [ɪntərɛˈsant]	intressant
intern [ɪnˈtɛrn]	intern
international [ɪntɐnatsi̯oˈnaːl]	internationell
das **Internet** *kein Pl* [ˈɪntɐnɛt]	Internet
intolerant [ˈɪntolerant]	intolerant
irgendetwas [ˈɪrgn̩tˈɛtvas]	något
irgendjemand [ˈɪrgn̩tˈjeːmant]	vem som helst
irgendwo [ˈɪrgn̩tvoː]	någonstans
ist [ɪst]	är

Jj

ja [jaː]	ja
die **Jacke** -n [ˈjakə]	jacka -n u
das **Jahr** -e [jaːɐ̯]	år -et n
die **Jahreszeit** -en [ˈjaːrəstsait]	årstid -en u
der **Januar** -e [ˈjanu̯aːɐ̯]	januari
je [jeː]	var

die **Jeans** – [ˈdʒiːns] .... jeans -en u
jede(r, s) [ˈjeːdə] .... varje
jemals [ˈjeːmaːls] .... någonsin
jemand [ˈjeːmant] .... någon
jetzt [jɛtst] .... nu
joggen [ˈdʒɔgn̩] .... att jogga
der/das **Joghurt** -[s] [ˈjoːgʊrt] .... yoghurt -en u
der/die **Jugendliche** -n [ˈjuːgn̩tlɪçə] ... ungdom -en u
der **Juli** -s [ˈjuːli] .... juli
jung [jʊŋ] .... ung
der **Junge** -n [ˈjʊŋə] .... pojke -n u
der **Juni** -s [ˈjuːni] .... juni
das **Juweliergeschäft** -e [juveˈliːɐ̯gəʃɛft] .... guldsmedsaffär -en u

Kk

das **Kabel** – [ˈkaːbl̩] .... sladd -en u
der **Kaffee** -s [ˈkafe] .... kaffe -t n
der **Kaiserschnitt** -e [ˈkaizɐʃnɪt] .... kejsarsnitt -et n
das **Kalbfleisch** *kein Pl* [ˈkalpflaiʃ] ... kalvkött -et n
der **Kalender** – [kaˈlɛndɐ] .... almanacka -n u
die **Kalorien** *Pl* [kaloˈriːən] .... kalorier -na u
kalt [kalt] .... kall
das **Kamel** -e [kaˈmeːl] .... kamel -en u
die **Kamera** -s [ˈkaməra] .... kamera -n u
der **Kamin** -e [kaˈmiːn] .... den öppna spisen u
der **Kamm** Kämme [kam] .... kam -men u
der **Kampf** Kämpfe [kampf] .... kamp -en u
kämpfen [ˈkɛmpfn̩] .... att kämpa

der **Kanal** Kanäle [ka'na:l]	kanal -en u
das **Känguru** -s ['kɛŋguru]	känguru -n u
das **Kaninchen** - [ka'ni:nçən]	kanin -en u
das **Kapitel** - [ka'pɪtl̩]	kapit|el -let n
kaputt [ka'pʊt]	sönder
die **Kapuze** -n [ka'pu:tsə]	kapuschong -en u
die **Karies** *kein Pl* ['ka:ri̯ɛs]	karies u
der **Karneval** -e/-s ['karnəval]	karneval -en u
die **Karotte** -n [ka'rɔtə]	morot -en u
die **Karriere** -n [ka'ri̯e:rə]	karriär -en u
die **Karte** -n ['kartə]	kort -et n
die **Kartoffel** -n [kar'tɔfl̩]	potatis -en u
der **Karton** -s [kar'tɔŋ]	kartong -en u
der **Käse** - ['kɛ:zə]	ost -en u
die **Kasse** -n ['kasə]	kassa -n u
der, die **Kassierer, Kassiererin** -, -nen [ka'si:rɐ, ka'si:rərɪn]	kassör, kassörska -en, -n u
die **Kastanie** -n [kas'ta:ni̯ə]	kastanj -en u
die **Katze** -n ['katsə]	katt -en u
kaufen ['kaufn̩]	att köpa
das **Kaufhaus** -häuser ['kaufhaus]	varuhus -et n
der/das **Kaugummi** -s ['kaugʊmi]	tuggummi -t n
kaum [kaum]	knappt
die **Kaution** -en [kau'tsi̯o:n]	deposition -en u
die **Kehle** -n ['ke:lə]	strupe -n u
kein(e) ['kain(ə)]	ingen (t, a)
kein(e, r) ['kainə]	ingen (t, a)
der **Keks** -e [ke:ks]	kex -et n
der **Keller** - ['kɛlɐ]	källare -n u
der, die **Kellner, Kellnerin** -, -nen ['kɛlnɐ, 'kɛlnərɪn]	servitör, servitris -en u

kennen [ˈkɛnən]	att känna
die **Kerze** -n [ˈkɛrtsə]	det levande ljuset n
der/das **Ketchup** *kein Pl* [ˈkɛtʃap]	tomatketchup -en u
die **Kette** -n [ˈkɛtə]	kedja -n u
das **Kfz** - [ka:ʔɛfˈtsɛt]	motorfordon -et n
der **Kiefer** - [ˈki:fɐ]	käke -n u
das **Kilogramm** -e/- [ˈki:logram]	kilogram -met n
der **Kilometer** - [kiloˈme:tɐ]	kilometer -n u
das **Kind** -er [kɪnt]	barn -et n
der **Kindergarten** -gärten [ˈkɪndɐgartn̩]	daghem -met n
der **Kindersitz** -e [ˈkɪndɐzɪts]	barnstol -en u
der **Kinderwagen** - [ˈkɪndɐva:gn̩]	barnvagn -en u
das **Kinn** -e [kɪn]	haka -n u
das **Kino** -s [ˈki:no]	bio -n u
der **Kiosk** -e [ˈki:ɔsk]	kiosk -en u
die **Kirche** -n [ˈkɪrçə]	kyrka -n u
die **Kirsche** -n [ˈkɪrʃə]	körsbär -et n
das **Kissen** - [ˈkɪsn̩]	kudde -n u
klar [kla:ɐ̯]	klar
die **Klasse** -n [ˈklasə]	klass -en u
das **Klebeband** -bänder [ˈkle:bəbant]	tejp -en u
kleben [ˈkle:bn̩]	att fästa
der **Klebstoff** -e [ˈkle:pʃtɔf]	klist|er -ret n
das **Kleid** -er [klait]	klänning -en u
der **Kleiderbügel** - [ˈklaidɐby:gl̩]	galge -n u
der **Kleiderschrank** -schränke [ˈklaidɐʃraŋk]	garderob -en u
die **Kleidung** *kein Pl* [ˈklaidʊŋ]	kläder -na n
klein [klain]	liten

K

das **Kleingeld** *kein Pl* [ˈklaingɛlt]	småpengar -na u
klettern [ˈklɛtɐn]	att klättra
die **Klimaanlage** -n [ˈkli:maʔanla:gə]	luftkonditionering -en u
die **Klingel** -n [ˈklɪŋl̩]	ringklocka -n u
klingeln [ˈklɪŋl̩n]	att ringa
die **Klobürste** -n [ˈklo:bʏrstə]	toalettborste -n u
klopfen [ˈklɔpfn̩]	att knacka
klug [klu:k]	klok
knackig [ˈknakɪç]	knaprig
die **Kneipe** -n [ˈknaipə]	krog -en u
das **Knie** - [kni:]	knä -t n
der **Knoblauch** *kein Pl* [ˈkno:blaux]	vitlök -en u
der **Knöchel** - [ˈknœçl̩]	fotled -en u
der **Knochenbruch** -brüche [ˈknɔxn̩brʊx]	fraktur -en u
der **Knopf** Knöpfe [knɔpf]	knapp -en u
der, die **Koch, Köchin** Köche, -nen [kɔx, ˈkœçɪn]	kock -en u
kochen [ˈkɔxn̩]	att laga mat
der **Kochtopf** -töpfe [ˈkɔxtɔpf]	kastrull -en u
der **Koffer** - [ˈkɔfɐ]	resväska -n u
der **Kofferraum** -räume [ˈkɔfɐraum]	bagagelucka -n u
die **Kohle** -n [ˈko:lə]	kol -et n
die **Kohlensäure** *kein Pl* [ˈko:lənzɔyrə]	kolsyra -n u
der **Kohlrabi** - [ko:lˈra:bi]	kårabbi -n u
die **Kokosnuss** -nüsse [ˈko:kɔsnʊs]	kokosnöt -en u
der, die **Kollege, Kollegin** -n, -nen [kɔˈle:gə, kɔˈle:gɪn]	kollega -n u

das **Koma** -s/-ta ['ko:ma] .... koma -t n
komisch ['ko:mɪʃ] .... konstig
kommen ['kɔmən] .... att komma
die **Kommode** -n [kɔ'mo:də] .... byrå -n u
die **Kommunikation** *kein Pl*
[kɔmunika'tsjo:n] .... kommunikation -en u
die **Komödie** -n [ko'mø:di̯ə] .... komedi -n u
die **Konditorei** -en [kɔndito'rai] .... konditori -et n
das **Kondom** -e [kɔn'do:m] .... kondom -en u
der, die **König, Königin** -e, -nen
['kø:nɪç, 'kø:nɪgɪn] .... kung, drottning -en u
können ['kœnən] .... att kunna
könnten wir ...? ['kœntn̩ vi:ɐ̯ ...] .... skulle vi kunna ...?
die **Kontaktlinse** -n [kɔn'taktlɪnzə] .... kontaktlins -en u
der **Kontinent** -e ['kɔntinɛnt] .... kontinent -en u
das **Konto** Konten ['kɔnto] .... konto -t n
die **Kontonummer** -n ['kɔntonʊmɐ] .... kontonum|mer -ret n
kontrollieren [kɔntrɔ'li:rən] .... att kontrollera
sich **konzentrieren** [kɔntsɛn'tri:rən] .... att koncentrera sig
das **Konzert** -e [kɔn'tsɛrt] .... konsert -en u
der **Kopf** Köpfe [kɔpf] .... huvud -et n
der **Kopfhörer** - ['kɔpfhø:rɐ] .... hörlurar -na u
das **Kopfkissen** - ['kɔpfkɪsn̩] .... huvudkudde -n u
der **Kopfsalat** -e ['kɔpfzala:t] .... huvudsallad -en u
die **Kopfschmerzen** *Pl*
['kɔpfʃmɛrtsn̩] .... ont i huvudet
kopieren [ko'pi:rən] .... att kopiera
der **Korb** Körbe [kɔrp] .... korg -en u
der **Korkenzieher** - ['kɔrkn̩tsi:ɐ] .... korkskruv -en u
der **Körper** - ['kœrpɐ] .... kropp -en u
kosten ['kɔstn̩] .... att kosta

K

die **Kosten** *Pl* [ˈkɔstn̩]	kostnad -en u
kostenlos [ˈkɔstn̩loːs]	gratis
die **Kraft** Kräfte [kraft]	kraft -en u
kräftig [ˈkrɛftɪç]	kraftig
der **Kragen** -/Krägen [ˈkraːgən]	krage -n u
der **Krampf** Krämpfe [krampf]	kramp -en u
krank [kraŋk]	sjuk
das **Krankenhaus** -häuser [ˈkraŋkn̩haus]	sjukhus -et n
die **Krankenkasse** -n [ˈkraŋkn̩kasə]	sjukkassa -n u
der, die **Krankenpfleger, Krankenschwester** -, -n [ˈkraŋkn̩pfleːgɐ, ˈkraŋkn̩ʃvɛstɐ]	sjuksköterska -n u
die **Krankenversicherung** -en [ˈkraŋkn̩fɛɐ̯zɪçərʊŋ]	sjukförsäkring -en u
die **Krankheit** -en [ˈkraŋkhait]	sjukdom -en u
das **Kraut** Kräuter [kraʊt]	ört -en u
der **Kräutertee** -s [ˈkrɔytɐteː]	örtte -et n
die **Krawatte** -n [kraˈvatə]	slips -en u
kreativ [kreaˈtiːf]	kreativ
der **Krebs** -e [kreːps]	krabba -n u
der **Krebs** *kein Pl* [kreːps]	cancer -n u
die **Kreditkarte** -n [kreˈdiːtkartə]	kreditkort -et n
die **Kreide** -n [ˈkraidə]	krita -n u
der **Kreislauf** *kein Pl* [ˈkraislauf]	blodomlopp -et n
der **Kreisverkehr** *kein Pl* [ˈkraisfɛɐ̯keːɐ̯]	rondell -en u
die **Kreuzung** -en [ˈkrɔytsʊŋ]	korsning -en u
der **Krieg** -e [kriːk]	krig -et n
kriegen [ˈkriːgn̩]	att få

der **Krokus** -se ['kro:kʊs] ... krokus -en u
die **Kröte** -n ['krø:tə] ... padda -n u
die **Krücke** -n ['krʏkə] ... krycka -n u
die **Küche** -n ['kʏçə] ... kök -et n
der **Kuchen** - ['ku:xn̩] ... kaka -n u
die **Kugel** -n ['ku:gl̩] ... kula -n u
der **Kugelschreiber** - ['ku:gl̩ʃraibɐ] ... kulspetspenna -n u
die **Kuh** Kühe [ku:] ... ko -n u
kühl [ky:l] ... kylig
der **Kühlschrank** -schränke ['ky:lʃraŋk] ... kylskåp -et n
sich **kümmern** ['kʏmɐn] ... att **bry sig**
der, die **Kunde, Kundin** -n, -nen ['kʊndə, 'kʊndɪn] ... kund -en u
die **Kunst** Künste [kʊnst] ... konst -en u
der **Kunststoff** -e ['kʊnstʃtɔf] ... plast -en u
die **Kupplung** -en ['kʊplʊŋ] ... koppling -en u
der **Kürbis** -se ['kʏrbɪs] ... pumpa -n u
der **Kurs** -e [kʊrs] ... kurs -en u
die **Kurve** -n ['kʊrvə] ... kurva -n u
kurz [kʊrts] ... kort
der **Kuss** Küsse [kʊs] ... kyss -en u
küssen ['kʏsn̩] ... att **kyssa**
die **Küste** -n ['kʏstə] ... kust -en u

L

Ll

das **Labor** -s/-e [la'bo:ɐ̯] ... laboratori|um -et n
lächeln ['lɛçl̩n] ... att **le**
lachen ['laxn̩] ... att **skratta**

der **Lachs** -e ['laks]	lax -en u
das **Ladegerät** -e ['la:dəgə'rɛ:t]	laddare -n u
der **Laden** Läden ['la:dn̩]	affär -en u
laktosefrei [lak'to:zəfrai]	laktosfri
das **Lammfleisch** *kein Pl* ['lamflaiʃ]	lammkött -et n
die **Lampe** -n ['lampə]	lampa -n u
das **Land** Länder [lant]	land -et n
landen ['landn̩]	att landa
die **Landschaft** -en ['lantʃaft]	landskap -et n
der, die **Landwirt, Landwirtin** -e, -nen ['lantvɪrt, 'lantvɪrtɪn]	lantbrukare -n u
lang [laŋ]	lång
langsam ['laŋza:m]	långsam
langweilig ['laŋvailɪç]	tråkig
der/das **Laptop** -s ['lɛptɔp]	den bärbara datorn u
der **Lärm** *kein Pl* [lɛrm]	oväsen -det n
lassen ['lasn̩]	att låta
das **Laub** *kein Pl* [laup]	löv -et n
der **Lauch** -e [laux]	purjolök -en u
laufen ['laufn̩]	att springa
das **Laufwerk** -e ['laʊfvɛrk]	enhet -en u
laut [laut]	högljudd
der **Lautsprecher** - ['lautʃprɛçɐ]	högtalare -n u
die **Lautstärke** -n ['lautʃtɛrkə]	volym -en u
die **Lawine** -n [la'vi:nə]	lavin -en u
das **Leben** - ['le:bn̩]	liv -et n
leben ['le:bn̩]	att leva
der **Lebenslauf** -läufe ['le:bn̩slauf]	CV -t/-n
das **Lebensmittel** - ['le:bn̩smɪtl̩]	livsmed|el -let n
die **Leber** -n ['le:bɐ]	lever -n u

lecker [ˈlɛkɐ] ... läcker
das **Leder** – [ˈleːdɐ] ... läd|er -ret n
ledig [ˈleːdɪç] ... singel
leer [leːɐ̯] ... tom
legen [ˈleːgn̩] ... att lägga
die **Lehre** -n [ˈleːrə] ... lära -n u
der, die **Lehrer, Lehrerin** –, -nen [ˈleːrɐ, ˈleːrərɪn] ... lärare -n u
der **Lehrling** -e [ˈleːɐ̯lɪŋ] ... lärling -en u
leicht [laiçt] ... lätt
die **Leichtathletik** *kein Pl* [ˈlaiçtʔatleːtɪk] ... friidrott -en u
leider [ˈlaidɐ] ... tyvärr
leihen [ˈlaiən] ... att låna
leise [ˈlaizə] ... tyst
leisten [ˈlaistn̩] ... att prestera
die **Leiter** -n [ˈlaitɐ] ... stege -n u
die **Leitung** -en [ˈlaitʊŋ] ... ledning -en u
das **Leitungswasser** *kein Pl* [ˈlaitʊŋsvasɐ] ... kranvatt|en -net n
der **Lenker** – [ˈlɛŋkɐ] ... styre -t n
das **Lenkrad** -räder [ˈlɛŋkraːt] ... ratt -en u
lernen [ˈlɛrnən] ... att lära sig
lesen [ˈleːzn̩] ... att läsa
letzte(r, s) [ˈlɛtstə] ... sist
das **Licht** *kein Pl* [lɪçt] ... ljus -et n
die **Liebe** *kein Pl* [ˈliːbə] ... kärlek -en u
liebe(r, s) [ˈliːbə] ... kära(e)
lieben [ˈliːbn̩] ... att älska
das **Lied** -er [liːt] ... sång -en u
liefern [ˈliːfɐn] ... att leverera

liegen ['li:gn̩]	att ligga
die **Limette** -n [li'mɛtə]	lime -n u
die **Limonade** -n [limo'na:də]	läskedryck -en u
das **Lineal** -e [line'a:l]	linjal -en u
die **Linie** -n ['li:ni̯ə]	linje -n u
der **Linienbus** -busse ['li:ni̯ənbʊs]	busslinje -n u
linke(r, s) ['lɪŋkə]	vänster
links [lɪŋks]	till vänster
die **Linse** -n ['lɪnzə]	lins -en u
die **Lippe** -n ['lɪpə]	läpp -en u
der **Lippenstift** -e ['lɪpn̩ʃtɪft]	läppstift -et n
die **Liste** -n ['lɪstə]	lista -n u
der/das **Liter** - ['li:tɐ]	liter -n u
der **Lkw** -[s] ['ɛlka:ve:]	lastbil -en u
das **Loch** Löcher [lɔx]	hål -et n
der **Löffel** - ['lœfl̩]	sked -en u
löschen ['lœʃn̩]	att radera
der **Löwe** -n ['lø:və]	lejon -et n
die **Luft** *kein Pl* [lʊft]	luft -en u
die **Luftpost** *kein Pl* ['lʊftpɔst]	flygpost -en u
die **Lüge** -n ['ly:gə]	lögn -en u
lügen ['ly:gn̩]	att ljuga
die **Lunge** -n ['lʊŋə]	lunga -n u
die **Lupe** -n ['lu:pə]	lupp -en u
lustig ['lʊstɪç]	rolig

L

Mm

machen ['maxn̩]	att göra
das **Mädchen** - ['mɛ:tçən]	flicka -n u

der **Magen** Mägen ['ma:gn̩]	mage -n u
die **Magenschmerzen** *Pl* ['ma:gn̩ʃmɛrtsn̩]	ont i magen
der **Magnet** -e[n] [ma'gne:t]	magnet -en u
die **Mahlzeit** -en ['ma:ltsait]	måltid -en u
der **Mai** -e [mai]	maj
die/das **Mail** -s [me:l]	mejl -et n
der **Mais** *kein Pl* [mais]	majs -en u
der **Malstift** -e ['ma:lʃtɪft]	färgpenna -n u
die **Mama** -s ['mama]	mamma -n u
man [man]	man
manche(r, s) ['mançə]	några
manchmal ['mançma:l]	ibland
die **Mandel** -n ['mandl̩]	mandel -n u
der **Mann** Männer [man]	man -nen u
männlich ['mɛnlɪç]	manlig
die **Mannschaft** -en ['manʃaft]	lag -et n
der **Mantel** Mäntel ['mantl̩]	kappa -n u
die **Margarine** *kein Pl* [marga'ri:nə]	margarin -et n
der **Marienkäfer** - [ma'ri:ənkɛ:fɐ]	nyckelpiga -n u
der **Markt** Märkte [markt]	marknad -en u
die **Marmelade** -n [marmə'la:də]	sylt -en u
der **März** -e [mɛrts]	mars
die **Maschine** -n [ma'ʃi:nə]	maskin -en u
die **Masern** *Pl* ['ma:zɐn]	mässling -en u
das **Maß** -e [ma:s]	mått -et n
das **Maßband** -bänder ['ma:sbant]	måttband -et n
die **Mathematik** *kein Pl* [matema'ti:k]	matematik -en u
die **Matratze** -n [ma'tratsə]	madrass -en u

die **Matte** -n ['matə] ... matta -n u
die **Mauer** -n ['mauɐ] ... mur -en u
der **Maulwurf** -würfe ['maulvʊrf] ... mullvad -en u
die **Maus** Mäuse [maus] ... mus -en u
der **Mauszeiger** - ['maustsaigɐ] ... markör -en u
die **Mayonnaise** *kein Pl* [majɔ'nɛ:zə] ... majonnäs -en u
der, die **Mechaniker, Mechanikerin** -, -nen [me'ça:nɪkɐ, me'ça:nɪkərɪn] ... mekaniker -n u
die **Medien** *Pl* ['me:di̯ən] ... medi|a -erna n
das **Medikament** -e [medika'mɛnt] ... medicin -en u
die **Medizin** *kein Pl* [medi'tsi:n] ... medicin -en u
das **Meer** -e [me:ɐ̯] ... hav -et n

M

die **Meeresfrüchte** *Pl* ['me:rəsfrʏçtə] ... skaldjur -et n
das **Meerschweinchen** - ['me:ɐ̯ʃvainçən] ... marsvin -et n
das **Mehl** -e [me:l] ... mjöl -et n
mehr [me:ɐ̯] ... mer
mehrere ['me:rərə] ... flera
mehrfach ['me:ɐ̯fax] ... flerfaldig
mehrmals ['me:ɐ̯ma:ls] ... flera gånger
mein(e) ['main(ə)] ... min (tt, a)
meine(r, s) ['mainə] ... min (tt, a)
meinen ['mainən] ... att tycka
die **Meinung** -en ['mainʊŋ] ... åsikt -en u
meiste(n) ['maistə(n)] ... det mesta
sich **melden** ['mɛldn̩] ... att anmäla sig
die **Melone** -n [me'lo:nə] ... melon -en u

die **Menge** -n [ˈmɛŋə]	mängd -en u
der **Mensch** -en [mɛnʃ]	människa -n u
messen [ˈmɛsn̩]	att mäta
das **Messer** - [ˈmɛsɐ]	kniv -en u
das **Metall** -e [meˈtal]	metall -en u
der/das **Meter** - [ˈmeːtɐ]	meter -n u
der, die **Metzger, Metzgerin** -, -nen [ˈmɛtsgɐ, ˈmɛtsgərɪn]	slaktare -n u
die **Metzgerei** -en [mɛtsgəˈrai]	charkuteri -et n
mich [mɪç]	mig
die **Miete** -n [ˈmiːtə]	hyra -n u
mieten [ˈmiːtn̩]	att hyra
der, die **Mieter, Mieterin** -, -nen [ˈmiːtɐ, ˈmiːtərɪn]	hyresgäst -en u
die **Mietwohnung** -en [ˈmiːtvoːnʊŋ]	hyresrätt -en u
die **Migräne** -n [miˈgrɛːnə]	migrän -en u
die **Mikrowelle** -n [ˈmiːkrovɛlə]	mikrovågsugn -en u
die **Milch** *kein Pl* [mɪlç]	mjölk -en u
die **Milliarde** -n [mɪˈli̯ardə]	miljard -en u
der/das **Milliliter** - [mɪliˈliːtɐ]	milliliter -n u
der/das **Millimeter** - [mɪliˈmeːtɐ]	millimeter -n u
die **Million** -en [mɪˈli̯oːn]	miljon -en u
das **Mineralwasser** -wässer [mineˈraːlvasɐ]	mineralvatt|en -net n
die **Minute** -n [miˈnuːtə]	minut -en u
die **Minze** -n [ˈmɪntsə]	mynta -n u
mir [miːɐ]	mig
mischen [ˈmɪʃn̩]	att blanda
mit [mɪt]	med

M

mitbringen [ˈmɪtbrɪŋən] .... att ta med sig
mitnehmen [ˈmɪtneːmən] .... att ta med sig
der **Mittag** -e [ˈmɪtaːk] .... mitt på dagen u
das **Mittagessen** - [ˈmɪtaːkʔɛsn̩] .... lunch -en u
die **Mitte** -n [ˈmɪtə] .... mitt -en u
Mittelamerika
[ˈmɪtl̩ʔaˈmeːrika] .... Centralamerika
mittelgroß [ˈmɪtl̩groːs] .... mellanstor
die **Mitternacht** *kein Pl* [ˈmɪtɐnaxt] .... midnatt -en u
mittlere(r, s) [ˈmɪtlərə] .... mellersta
der **Mittwoch** -e [ˈmɪtvɔx] .... onsdag -en u
das **Möbel** - [ˈmøːbl̩] .... möbel -n u
mobil [moˈbiːl] .... mobil
das **Mobiltelefon** -e
[moˈbiːlteːləfoːn] .... mobiltelefon -en u

M

möchten wir ...? [ˈmœçtn̩ viːɐ̯ ...] .... skulle vi vilja ...?
die **Mode** -n [ˈmoːdə] .... mode -t n
modern [moˈdɛrn] .... modern
modisch [ˈmoːdɪʃ] .... moderiktig
mögen [ˈmøːgn̩] .... att gilla
möglich [ˈmøːklɪç] .... möjlig
die **Möglichkeit** -en [ˈmøːklɪçkait] .... möjlighet -en u
der **Moment** -e [moˈmɛnt] .... ögonblick -et n
der **Monat** -e [ˈmoːnat] .... månad -en u
der **Mond** -e [moːnt] .... måne -n u
der **Montag** -e [ˈmoːntaːk] .... måndag -en u
der **Mord** -e [mɔrt] .... mord -et n
der **Morgen** - [ˈmɔrgn̩] .... morgon -en u
morgen [ˈmɔrgn̩] .... imorgon
die **Moschee** -n [moˈʃeː] .... moské -n u
der **Motor** -en [ˈmoːtoːɐ̯] .... motor -n u

das **Motorrad** -räder [mo:ˈto:ɐ̯ra:t] .... motorcykel -n u
der **Motorradhelm** -e [mo:ˈto:ɐ̯ra:thɛlm] .... motorcykelhjälm -en u
der **Motorroller** - [ˈmo:to:ɐ̯rɔlɐ] .... vespa -n u
das **Mountainbike** -s [ˈmauntn̩baik] .... mountainbike -n u
die **Möwe** -n [ˈmø:və] .... mås -en u
der **MP3-Player** - [ɛmpe:ˈdraiple:ɐ] .... mp3-spelare -n u
die **Mücke** -n [ˈmʏkə] .... mygga -n u
müde [ˈmy:də] .... trött
die **Mühe** -n [ˈmy:ə] .... möda -n u
der **Müll** *kein Pl* [ˈmʏl] .... sopor -na u
der **Müllbeutel** - [ˈmʏlbɔytl̩] .... soppåse -n u
der **Mülleimer** - [ˈmʏlʔaimɐ] .... papperskorg -en u
der **Müllwagen** - [ˈmʏlva:gn̩] .... sopbil -en u
der **Mumps** *kein Pl* [mʊmps] .... påssjuka -n u
der **Mund** Münder [mʊnt] .... mun -nen u
mündlich [ˈmʏntlɪç] .... muntlig
die **Münze** -n [ˈmʏntsə] .... mynt -et n
die **Muschel** -n [ˈmʊʃl̩] .... mussla -n u
das **Museum** Museen [muˈze:ʊm] .... muse|um -et n
die **Musik** *kein Pl* [muˈzi:k] .... musik -en u
das **Musikinstrument** -e [muˈzi:kʔɪnstrumɛnt] .... musikinstrument -et n
der **Muskel** -n [ˈmʊskl̩] .... muskel -n u
das **Müsli** -[s] [ˈmy:sli] .... müsli -n u
müssen [ˈmʏsn̩] .... måste
die **Mutter** Mütter [ˈmʊtɐ] .... mo|r -dern u
das **Muttermal** -e [ˈmʊtɐma:l] .... födelsemärke -t n
die **Mütze** -n [ˈmʏtsə] .... mössa -n u

Nn

nach [naːx] ... till
nach [naːx] ... efter
der, die **Nachbar, Nachbarin** -n, -nen [ˈnaxbaːɐ̯, ˈnaxbaːrɪn] ... granne -n u
der **Nachmittag** -e [ˈnaːxmɪtaːk] ... eftermiddag -en u
die **Nachricht** -en [ˈnaːxrɪçt] ... meddelande -t n
die **Nachrichten** *Pl* [ˈnaːxrɪçtn̩] ... nyhet -en u
nächste(r, s) [ˈnɛːçstə] ... nästa
die **Nacht** Nächte [naxt] ... natt -en u
der **Nachtisch** -e [ˈnaːxtɪʃ] ... efterrätt -en u
der **Nachttisch** -e [ˈnaxttɪʃ] ... nattduksbord -et n
der **Nacken** – [ˈnakn̩] ... nacke -n u
nackt [nakt] ... naken
die **Nadel** -n [ˈnaːdl̩] ... nål -en u
der **Nagel** Nägel [ˈnaːgl̩] ... spik -en u
der **Nagel** Nägel [ˈnaːgl̩] ... nagel -n u
die **Nagelfeile** -n [ˈnaːgl̩failə] ... nagelfil -en u
nah(e) [ˈnaː(ə)] ... nära
die **Nähe** *kein Pl* [ˈnɛːə] ... närhet -en u
nähen [ˈnɛːən] ... att sy
der **Name** -n [ˈnaːmə] ... namn -et n
die **Narbe** -n [ˈnarbə] ... ärr -et n
die **Nase** -n [ˈnaːzə] ... näsa -n u
nass [nas] ... våt
die **Natur** *kein Pl* [naˈtuːɐ̯] ... natur -en u
natürlich [naˈtyːɐ̯lɪç] ... naturligtvis
die **Naturwissenschaften** *Pl* [naˈtuːɐ̯vɪsn̩ʃaftn̩] ... naturvetenskap -en u

das **Navigationsgerät** -e [naviga'tsi̯oːnsgərɛːt] ... navigeringssystem--et n
der **Nebel** - ['neːbl̩] ... dimma -n u
neben ['neːbn̩] ... bredvid
neblig ['neːblɪç] ... dimmig
der **Neffe (brüderlicherseits)** -n ['nɛfə] ... brorson -en u
der **Neffe (schwesterlicherseits)** -n ['nɛfə] ... systerson -en u
negativ ['neːgatiːf] ... negativ
nehmen ['neːmən] ... att ta
neidisch ['naidɪʃ] ... avundsjuk
nein [nain] ... nej
die **Nektarine** -n [nɛkta'riːnə] ... nektarin -en u
nennen ['nɛnən] ... att kalla
der **Nerv** -en [nɛrf] ... nerv -en u
nervös [nɛr'vøːs] ... nervös
nett [nɛt] ... snäll
das **Netz** -e [nɛts] ... nät -et n
neu [nɔy] ... ny
neugierig ['nɔygiːrɪç] ... nyfiken
das **Neujahr** *kein Pl* ['nɔyjaːɐ̯] ... nyår -et n
neun [nɔyn] ... nio
neunzehn ['nɔyntseːn] ... nitton
neunzig ['nɔyntsɪç] ... nittio
nicht [nɪçt] ... inte
die **Nichte (brüderlicherseits)** -n ['nɪçtə] ... brorsdotter -n u
die **Nichte (schwesterlicherseits)** -n ['nɪçtə] ... systerdotter -n u
nichts [nɪçts] ... ingenting

nie [niː] .... aldrig
niedlich [ˈniːtlɪç] .... söt
niemals [ˈniːmaːls] .... aldrig
niemand [ˈniːmant] .... ingen
die **Niere** -n [ˈniːrə] .... njure -n u
niesen [ˈniːzn̩] .... att nysa
noch [nɔx] .... ännu
noch einmal [ˈnɔx ainmaːl] .... en gång till
Nordamerika [ˈnɔrtʔaˈmeːrika] .... Nordamerika
der **Norden** *kein Pl* [ˈnɔrdn̩] .... norr
nördlich [ˈnœrtlɪç] .... nordlig
normal [nɔrˈmaːl] .... normal
normalerweise [nɔrˈmaːlɐvaizə] .... vanligtvis
der, die **Notarzt, Notärztin** -ärzte, -nen [ˈnoːtʔaːɐ̯tst, ˈnoːtʔɛːɐ̯tstɪn] .... jourläkare -n u
die **Notaufnahme** -n [ˈnoːtʔaufnaːmə] .... akutmottagning -en u
der **Notausgang** -ausgänge [ˈnoːtʔausgaŋ] .... nödutgång -en u
der **Notfall** -fälle [ˈnoːtfal] .... nödfall -et n
nötig [ˈnøːtɪç] .... nödvändig
die **Notrufnummer** -n [ˈnoːtruːfnʊmɐ] .... larmnum|mer -ret n
notwendig [ˈnoːtvɛndɪç] .... nödvändig
der **November** - [noˈvɛmbɐ] .... november
die **Nudeln** *Pl* [ˈnuːdl̩n] .... pasta -n u
null [nʊl] .... noll
die **Nummer** -n [ˈnʊmɐ] .... num|mer -ret n

das **Nummernschild** -er ['nʊmɐnʃɪlt]	registreringsskylt -en u
nun [nu:n]	nu
nur [nu:ɐ̯]	bara
die **Nuss** Nüsse [nʊs]	nöt -en u
nützlich ['nʏtslɪç]	nyttig

Oo

oben ['o:bn̩]	uppe
der **Oberschenkel** - ['o:bɐʃɛŋkl̩]	lår -et n
das **Oberteil** -e ['o:bɐtail]	överdel -en u
das **Obst** *kein Pl* [o:pst]	frukt -en u
obwohl [ɔp'vo:l]	fastän
oder ['o:dɐ]	eller
der **Ofen** Öfen ['o:fn̩]	ugn -en u
offen ['ɔfn̩]	öppen
offensichtlich ['ɔfn̩zɪçtlɪç]	uppenbar
öffentlich ['œfn̩tlɪç]	offentlig
die **Öffentlichkeit** *kein Pl* ['œfn̩tlɪçkait]	allmänhet
öffnen ['œfnən]	att öppna
die **Öffnungszeiten** *Pl* ['œfnʊŋstsaitn̩]	öppettider -na u
oft [ɔft]	ofta
ohne ['o:nə]	utan
die **Ohnmacht** -en ['o:nmaxt]	medvetslöshet -en u
das **Ohr** -en [o:ɐ̯]	öra -t n
okay, O. K. [o'ke:]	okej
der **Oktober** - [ɔk'to:bɐ]	oktober

das **Öl** *kein Pl* [øːl] .... olja -n u
die **Olive** -n [oˈliːvə] .... oliv -en u
die **Oma (mütterlicherseits)** -s [ˈoːma] .... mormo|r -dern u
die **Oma (väterlicherseits)** -s [ˈoːma] .... farmo|r -dern u
das **Omelett** -e/-s [ɔm(ə)ˈlɛt] .... omelett -en u
der **Onkel (mütterlicherseits)** - [ˈɔŋkl̩] .... morbro|r -dern u
der **Onkel (väterlicherseits)** - [ˈɔŋkl̩] .... farbro|r -dern u
das **Onlinebanking** *kein Pl* [ˈɔnlainbɛŋkɪŋ] .... internetbank -en u
der/das **Online-Check-in** -s [ˈɔnlaintʃɛkʔɪn] .... online-incheckning -en u
der **Opa (mütterlicherseits)** -s [ˈoːpa] .... morfa|r -dern u

O

der **Opa (väterlicherseits)** -s [ˈoːpa] . farfa|r -dern u
die **Operation** -en [opəraˈtsi̯oːn] .... operation -en u
das **Opfer** - [ˈɔpfɐ] .... off|er -ret n
die **Orange** -n [oˈrãːʒə] .... apelsin -en u
der **Orangensaft** -säfte [oˈrãːʒn̩zaft] .... apelsinjuice -n u
das **Orchester** - [ɔrˈkɛstɐ] .... orkester -n u
die **Ordnung** *kein Pl* [ˈɔrdnʊŋ] .... ordning -en u
organisieren [ɔrganiˈziːrən] .... att organisera
der **Ort** -e [ɔrt] .... plats -en u
der **Osten** *kein Pl* [ˈɔstn̩] .... öster
das **Ostern** - [ˈoːstɐn] .... påsk -en u
östlich [ˈœstlɪç] .... östlig
der **Ozean** -e [ˈoːtseaːn] .... ocean -en u

Pp

das **Paar** -e [paːɐ̯]	par -et n
paar [paːɐ̯]	ett par
das **Päckchen** - ['pɛkçən]	småpaket -et n
das **Paket** -e [pa'keːt]	paket -et n
die **Panne** -n ['panə]	motorstopp -et n
der **Pannendienst** -e ['panəndiːnst]	bärgningsservice -n u
der **Papa** -s ['papa]	pappa -n u
der **Papagei** -en [papa'gai]	papegoja -n u
das **Papier** *kein Pl* [pa'piːɐ̯]	papp|er -ret n
der/die **Paprika** -[s] ['paprika]	paprika -n u
das **Parfüm** -e/-s [par'fyːm]	parfym -en u
der **Park** -s [park]	park -en u
parken ['parkn̩]	att parkera
der **Parkplatz** -plätze ['parkplats]	parkeringsplats -en u
der **Parkscheinautomat** -en ['parkʃainʔautomaːt]	parkeringsautomat -en u
der, die **Partner, Partnerin** -, -nen ['partnɐ, 'partnərɪn]	partner -n u
passen ['pasn̩]	att passa
passieren [pa'siːrən]	att hända
der, die **Patient, Patientin** -en, -nen [pa'tsi̯ɛnt, pa'tsi̯ɛntɪn]	patient -en u
die **Pause** -n ['pauzə]	rast -en u
das **Pech** *kein Pl* [pɛç]	otur -en u
das **Pedal** -e [pe'daːl]	pedal -en u
die **Person** -en [pɛr'zoːn]	person -en u

der **Personalausweis** -e [pɛrzoˈnaːlʔausvais] .... identitetskort -et n
persönlich [pɛrˈzøːnlɪç] .... personlig
die **Persönlichkeit** -en [pɛrˈzøːnlɪçkait] .... personlighet -en u
die **Perücke** -n [peˈrʏkə] .... peruk -en u
die **Petersilie** -n [peteˈziːli̯ə] .... persilja -n u
der **Pfannkuchen** - [ˈpfankuːxn̩] .... pannkaka -n u
der **Pfau** -e [pfau] .... påfågel -n u
der **Pfeffer** *kein Pl* [ˈpfɛfɐ] .... peppar -n u
das **Pferd** -e [pfeːɐ̯t] .... häst -en u
der **Pfirsich** -e [ˈpfɪrzɪç] .... persika -n u
die **Pflanze** -n [ˈpflantsə] .... växt -en u
pflanzen [ˈpflantsn̩] .... att plantera
die **Pflaume** -n [ˈpflaumə] .... plommon -et n
die **Pfote** -n [ˈpfoːtə] .... tass -en u
der **Pickel** - [ˈpɪkl̩] .... finne -n u
die **Pille** -n [ˈpɪlə] .... p-pill|er -ret n

P

der, die **Pilot, Pilotin** -en, -nen [piˈloːt, piˈloːtɪn] .... pilot -en u
der **Pilz** -e [pɪlts] .... svamp -en u
der **Pinguin** -e [ˈpɪŋguiːn] .... pingvin -en u
die **PIN-Nummer** -n [ˈpɪnnʊmɐ] .... PIN-kod -en u
der **Pinsel** - [ˈpɪnzl̩] .... pensel -n u
die **Pinzette** -n [pɪnˈtsɛtə] .... pincett -en u
die **Pizza** -s/Pizzen [ˈpɪtsa] .... pizza -n u
der **Platz** Plätze [plats] .... torg -et n
plötzlich [ˈplœtslɪç] .... plötsligt
polieren [poˈliːrən] .... att polera
die **Politik** *kein Pl* [poliˈtiːk] .... politik -en u
die **Polizei** *kein Pl* [poliˈtsai] .... polis -en u

die **Polizeiwache** -n [poliˈtsaivaxə] ..... polisstation -en u
der **Polizeiwagen** - [poliˈtsaivaːgn̩] ..... polisbil -en u
der, die **Polizist, Polizistin** -en, -nen [poliˈtsɪst, poliˈtsɪstɪn] ..... polis -en u
der **Pollen** - [ˈpɔlən] ..... pollen -et n
die **Pommes frites** *Pl* [pɔm ˈfrɪt] ..... pommes frite|s -n u
die **Popmusik** *kein Pl* [ˈpɔpmuziːk] ..... popmusik -en u
das **Portemonnaie** -s [pɔrtmɔˈneː] ..... börs -en u
das **Porto** -s/Porti [ˈpɔrto] ..... porto -t n
portofrei [ˈpɔrtofrai] ..... portofritt
positiv [ˈpoːzitiːf] ..... positiv
die **Post** *kein Pl* [pɔst] ..... post -en u
das **Postfach** -fächer [ˈpɔstfax] ..... postbox -en u
die **Postkarte** -n [ˈpɔstkartə] ..... vykort -et n
die **Postleitzahl** -en [ˈpɔstlaittsaːl] ..... postnum|mer -ret n
die **Praline** -n [praˈliːnə] ..... pralin -en u
der **Preis** -e [prais] ..... pris -et n
die **Prepaidkarte** -n [ˈpriːpeːtkartə] ..... kontantkort -et n
privat [priˈvaːt] ..... privat
probieren [proˈbiːrən] ..... att prova
das **Problem** -e [proˈbleːm] ..... problem -et n
das **Produkt** -e [proˈdʊkt] ..... produkt -en u
das **Programm** -e [proˈgram] ..... program -met n
das **Prozent** -e [proˈtsɛnt] ..... procent -en u
die **Prüfung** -en [ˈpryːfʊŋ] ..... prov -et n
der **Pullover** - [pʊˈloːvɐ] ..... tröja -n u
der **Puls** -e [pʊls] ..... puls -en u
das **Pulver** - [ˈpʊlvɐ] ..... pulv|er -ret n
der **Punkt** -e [pʊŋkt] ..... punkt -en u
pünktlich [ˈpʏŋktlɪç] ..... punktlig
die **Puppe** -n [ˈpʊpə] ..... docka -n u

die **Pute** -n [ˈpuːtə]	kalkon -en u
putzen [ˈpʊtsn̩]	att städa
der **Putzlappen** - [ˈpʊtslapn̩]	trasa -n u

Qq

die **Qualifikation** -en [kvalifikaˈtsi̯oːn]	kvalifikation -en u
die **Qualität** -en [kvaliˈtɛːt]	kvalitet -en u
der **Quark** *kein Pl* [kvark]	kvarg -en u

Rr

das **Rad** Räder [raːt]	hjul -et n
der **Radiergummi** -s [raˈdiːɐ̯gʊmi]	suddgummi -t n
das **Radieschen** - [raˈdiːsçən]	rädisa -n u
das **Radio** -s [ˈraːdi̯o]	radio -n u
der **Rahmen** - [ˈraːmən]	ram -en u
der **Rasen** - [ˈraːzn̩]	gräsmatta -n u
der **Rasenmäher** - [ˈraːzn̩mɛːɐ]	gräsklippare -n u
sich **rasieren** [raˈziːrən]	att raka sig
der **Rasierer** - [raˈziːrɐ]	rakhyvel -n u
der **Rasierschaum** -schäume [raˈziːɐ̯ʃaum]	raklödder -s n
die **Raststätte** -n [ˈrastʃtɛtə]	vägkrog -en u
der **Rat** *kein Pl* [raːt]	råd -et n
das **Rathaus** -häuser [ˈraːthaus]	rådhus -et n
die **Ratte** -n [ˈratə]	råtta -n u

P

der **Raubüberfall** -überfälle ['raup?y:bɐfal] ... rån -et n
der **Rauch** *kein Pl* [raux] ... rök -en u
rauchen ['rauxn̩] ... att ryka
der **Rauchmelder** - ['rauxmɛldɐ] ... brandvarnare -n u
das **Rauchverbot** -e ['rauxfɛɐ̯bo:t] ... rökförbud -et n
die **Raupe** -n ['raupə] ... larv -en u
rechnen ['rɛçnən] ... att räkna
der **Rechner** - ['rɛçnɐ] ... dator -n u
die **Rechnung** -en ['rɛçnʊŋ] ... räkning -en u
das **Recht** *kein Pl* [rɛçt] ... rätt -en u
rechte(r, s) [rɛçtə] ... höger
rechts [rɛçts] ... till höger
der, die **Rechtsanwalt, Rechtsanwältin** -anwälte, -nen ['rɛçts?anvalt, 'rɛçts?anvɛltɪn] ... advokat -en u
reden ['re:dn̩] ... att prata
der **Regen** *kein Pl* ['re:gn̩] ... regn -et n
der **Regenbogen** - ['re:gn̩bo:gn̩] ... regnbåge -n u
der **Regenschirm** -e ['re:gn̩ʃɪrm] ... paraply -et n
die **Regierung** -en [re'gi:rʊŋ] ... regering -en u
die **Region** -en [re'gio:n] ... region -en u
regnen ['re:gnən] ... att regna
das **Reh** -e [re:] ... rådjur -et n
reif [raif] ... mogen
der **Reifen** - ['raifn̩] ... däck -et n
die **Reifenpanne** -n ['raifn̩panə] ... punktering -en u
reinigen ['rainɪgn̩] ... att rengöra
das **Reinigungsmittel** - ['rainɪgʊŋsmɪtl̩] ... rengöringsmed|el -let n

der **Reis** *kein Pl* [rais] .... ris -et n
die **Reise** -n ['raizə] .... resa -n u
der/die **Reisende** -n ['raizn̩də] .... den resande u
der **Reisepass** -pässe ['raizəpas] .... pass -et n
das **Reiseziel** -e ['raizətsi:l] .... resmål -et n
der **Reißverschluss** -verschlüsse ['raisfɛɐ̯ʃlʊs] .... dragkedja -n u
die **Religion** -en [reli'gio:n] .... religion -en u
die **Rente** -n ['rɛntə] .... pension -en u
das **Reptil** -ien [rɛp'ti:l] .... reptil -en u
die **Republik** -en [repu'bli:k] .... republik -en u
reservieren [rezɛr'vi:rən] .... att reservera
die **Reservierung** -en [rezɛr'vi:rʊŋ] ... reservering -en u
der **Rest** -e [rɛst] .... rest -en u
das **Restaurant** -s [rɛsto'rã:] .... restaurang -en u
retten ['rɛtn̩] .... att rädda
das **Rettungsboot** -e ['rɛtʊŋsbo:t] ... livbåt -en u
der **Rettungsring** -e ['rɛtʊŋsrɪŋ] .... livboj -en u
der **Rettungswagen** - ['rɛtʊŋsva:gn̩] .... ambulans -en u
das **Rezept** -e [re'tsɛpt] .... recept -et u

R

der, die **Richter, Richterin** -, -nen ['rɪçtɐ, 'rɪçtərɪn] .... domare -n u
richtig ['rɪçtɪç] .... riktig
die **Richtung** -en ['rɪçtʊŋ] .... riktning -en u
riechen ['ri:çn̩] .... att lukta
das **Rindfleisch** *kein Pl* ['rɪntflaiʃ] .... nötkött -et n
der **Ring** -e [rɪŋ] .... ring -en u
die **Rippe** -n ['rɪpə] .... revben -et n
der **Rock** Röcke [rɔk] .... kjol -en u
der **Roggen** *kein Pl* ['rɔgn̩] .... råg -en u

roh [roː]	rå
das **Rohr** -e [roːɐ̯]	rör -et n
der **Rollstuhl** -stühle [ˈrɔlʃtuːl]	rullstol -en u
die **Rolltreppe** -n [ˈrɔltrɛpə]	rulltrappa -n u
der **Roman** -e [roˈmaːn]	roman -en u
das **Röntgenbild** -er [ˈrœntgn̩bɪlt]	röntgenbild -en u
die **Rose** -n [ˈroːzə]	ros -en u
der **Rosenkohl** *kein Pl* [ˈroːzn̩koːl]	brysselkål -en u
die **Rosine** -n [roˈziːnə]	russin -et n
rot [roːt]	röd
die **Rote Bete** -n [roːtə ˈbeːtə]	rödbeta -n u
die **Röteln** *Pl* [ˈrøːtl̩n]	röda hund u
der **Rotkohl** *kein Pl* [ˈroːtkoːl]	rödkål -en u
der **Rotwein** -e [ˈroːtvain]	rödvin -et n
die **Rübe** -n [ˈryːbə]	majrova -n u
der **Rücken** - [ˈrʏkn̩]	rygg -en u
der **Rucksack** -säcke [ˈrʊkzak]	ryggsäck -en u
der **Rucola** *kein Pl* [ˈrukɔla]	senapskål -en u
das **Rudern** *kein Pl* [ˈruːdɐn]	rodd -en u
rufen [ruːfn̩]	att ropa
die **Ruhe** *kein Pl* [ˈruːə]	stillhet -en u
ruhig [ˈruːɪç]	lugn
das **Rührei** -er [ˈryːɐ̯ʔai]	äggröra -n u
rund [rʊnt]	rund
die **Rutsche** -n [ˈrʊtʃə]	rutschkana -n u

Ss

die **Sache** -n [ˈzaxə]	sak -en u
der **Saft** Säfte [zaft]	saft -en u

saftig [ˈzaftɪç] ... saftig
sagen [ˈzaːgn̩] ... att säga
die **Sahne** *kein Pl* [ˈzaːnə] ... grädde -n u
die **Salami** [-s] [zaˈlaːmi] ... salami -n u
der **Salat** -e [zaˈlaːt] ... sallad -en u
die **Salatsoße** -n [zaˈlaːtzoːsə] ... salladssås -en u
die **Salbe** -n [ˈzalbə] ... salva -n u
das **Salz** *kein Pl* [zalts] ... salt -et n
salzig [ˈzaltsɪç] ... salt
der **Samen** - [ˈzaːmən] ... frö -et n
sammeln [ˈzamln̩] ... att samla
der **Samstag** -e [ˈzamstaːk] ... lördag -en u
sämtlich [ˈzɛmtlɪç] ... samtliga
der **Sand** *kein Pl* [zant] ... sand -en u
die **Sandale** -n [zanˈdaːlə] ... sandal -en u
das **Sandwich** -[e]s/-e [ˈzɛntvɪtʃ] ... smörgås -en u
sanft [zanft] ... mild
der, die **Sanitäter, Sanitäterin** -, -nen [zaniˈtɛːtɐ, zaniˈtɛːtərɪn] ... sjukvårdare -n u
satt [zat] ... mätt
der **Sattel** Sättel [ˈzatl̩] ... sadel -n u
der **Satz** Sätze [zats] ... mening -en u
S
sauber [ˈzaubɐ] ... ren
sauer [ˈzauɐ] ... sur
der **Sauerstoff** *kein Pl* [ˈzauɐʃtɔf] ... syre -t n
der **Säugling** -e [ˈzɔyklɪŋ] ... spädbarn -et n
die **Sauna** -s/Saunen [ˈzauna] ... bastu -n u
das **Saxofon** -e [ˈzaksofoːn] ... saxofon -en u
der **Scanner** - [ˈskɛnɐ] ... scanner -n u
das **Schach** *kein Pl* [ʃax] ... schack -et n
das **Schaf** -e [ʃaːf] ... får -et n

der, die **Schaffner, Schaffnerin** –, –nen ['ʃafnɐ, 'ʃafnərɪn]	konduktör -en u
der **Schal** -s/-e [ʃa:l]	sjal -en u
schälen ['ʃɛ:lən]	att skala
der **Schalter** - ['ʃaltɐ]	strömbrytare -n u
der **Schalter** - ['ʃaltɐ]	disk -en u
scharf [ʃarf]	skarp
der **Scharlach** *kein Pl* ['ʃarlax]	scharlakansfeber -n u
der **Schatten** - ['ʃatn̩]	skugga -n u
schauen ['ʃauən]	att titta
das **Schaufenster** - ['ʃaufɛnstɐ]	skyltfönst|er -ret n
die **Schaukel** -n ['ʃaukl̩]	gunga -n u
die **Scheibe** -n ['ʃaibə]	skiva -n u
der **Scheibenwischer** - ['ʃaibn̩vɪʃɐ]	vindrutetorkare -n u
sich **scheiden lassen** ['ʃaidn̩ lasn̩]	att skilja sig
die **Scheidung** -en ['ʃaidʊŋ]	skilsmässa -n u
der **Scheinwerfer** - ['ʃainvɛrfɐ]	strålkastare -n u
der **Schenkel** - ['ʃɛŋkl̩]	lår -et n
die **Schere** -n ['ʃe:rə]	sax -en u
schicken ['ʃɪkn̩]	att skicka
das **Schienbein** -e ['ʃi:nbain]	skenben -et n
schießen ['ʃi:sn̩]	att skjuta
das **Schiff** -e [ʃɪf]	skepp -et n
das **Schild** -er [ʃɪlt]	skylt -en u
die **Schilddrüse** -n ['ʃɪltdry:zə]	sköldkörtel -n u
die **Schildkröte** -n ['ʃɪltkrø:tə]	sköldpadda -n u
der **Schinken** - ['ʃɪŋkn̩]	skinka -n u
der **Schlaf** *kein Pl* [ʃla:f]	sömn -en u

der **Schlafanzug** -anzüge [ˈʃlaːfʔantsuːk]	pyjamas -en u
schlafen [ˈʃlaːfn̩]	att sova
der **Schlafsack** -säcke [ˈʃlaːfzak]	sovsäck -en u
das **Schlafzimmer** - [ˈʃlaːftsɪmɐ]	sovrum -met n
der **Schlaganfall** -anfälle [ˈʃlaːkʔanfal]	slaganfall -et n
schlagen [ˈʃlaːgn̩]	att slå
das **Schlagzeug** -e [ˈʃlaːktsɔyk]	slagverk -et n
die **Schlange** -n [ˈʃlaŋə]	orm -en u
schlank [ʃlaŋk]	slank
schlau [ʃlau]	slug
schlecht [ʃlɛçt]	dålig
schließen [ˈʃliːsn̩]	att stänga
schlimm [ʃlɪm]	dålig
Schlitten fahren [ˈʃlɪtn̩ faːrən]	att åka kälke
Schlittschuh laufen [ˈʃlɪtʃuː laufn̩]	att åka skridskor
das **Schloss** Schlösser [ʃlɔs]	slott -et n
der **Schlüssel** - [ˈʃlʏsl̩]	nyckel -n u
schmal [ʃmaːl]	smal
schmecken [ˈʃmɛkn̩]	att smaka
der **Schmerz** -en [ʃmɛrts]	värk -en u
das **Schmerzmittel** - [ˈʃmɛrtsmɪtl̩]	värktablett -en u
der **Schmetterling** -e [ˈʃmɛtɐlɪŋ]	fjäril -en u
sich **schminken** [ˈʃmɪŋkn̩]	att sminka sig
der **Schmuck** *kein Pl* [ʃmʊk]	smycke -t n
schmutzig [ˈʃmʊtsɪç]	smutsig
die **Schnalle** -n [ˈʃnalə]	spänne -t n
der **Schnaps** Schnäpse [ʃnaps]	brännvin -et n
schnarchen [ˈʃnarçn̩]	att snarka
die **Schnecke** -n [ˈʃnɛkə]	snäcka -n u

der **Schnee** *kein Pl* [ʃneː]	snö -n u
die **Schneekette** -n [ˈʃneːkɛtə]	snökedja -n u
schneiden [ˈʃnaidn̩]	att skära
schneien [ˈʃnaiən]	att snöa
schnell [ʃnɛl]	snabb
der **Schnittlauch** *kein Pl* [ˈʃnɪtlaux]	gräslök -en u
der **Schnuller** - [ˈʃnʊlɐ]	napp -en u
der **Schnupfen** - [ˈʃnʊpfn̩]	snuva -n u
der **Schnurrbart** -bärte [ˈʃnʊrbaːɐ̯t]	mustasch -en u
der **Schnürsenkel** - [ˈʃnyːɐ̯zɛŋkl̩]	skosnöre -t n
der **Schock** -s [ʃɔk]	chock -en u
die **Schokolade** -n [ʃokoˈlaːdə]	choklad -en u
schon [ʃoːn]	redan
schön [ʃøːn]	vacker
der **Schornstein** -e [ˈʃɔrnʃtain]	skorsten -en u
der **Schrank** Schränke [ʃraŋk]	skåp -et n
die **Schraube** -n [ˈʃraubə]	skruv -en u
schreiben [ˈʃraibn̩]	att skriva
der **Schreibtisch** -e [ˈʃraiptɪʃ]	skrivbord -et n
schreien [ˈʃraiən]	att skrika
der **Schritt** -e [ʃrɪt]	steg -et n
schrubben [ˈʃrʊbn̩]	att skrubba
die **Schublade** -n [ˈʃuːplaːdə]	låda -n u
schüchtern [ˈʃʏçtɐn]	blyg
der **Schuh** -e [ʃuː]	sko -n u
die **Schuld** *kein Pl* [ʃʊlt]	skuld -en u
die **Schule** -n [ˈʃuːlə]	skola -n u
der, die **Schüler, Schülerin** -, -nen [ˈʃyːlɐ, ˈʃyːlərɪn]	elev -en u
das **Schulfach** -fächer [ˈʃuːlfax]	skolämne -t n

S

das **Schulheft** -e [ˈʃuːlhɛft] .... skrivbok -en u
der, die **Schulleiter,**
Schulleiterin -, -nen
[ˈʃuːllaitɐ, ˈʃuːllaitərɪn] .... rektor -n u
die **Schulter** -n [ˈʃʊltɐ] .... axel -n u
die **Schürze** -n [ˈʃʏrtsə] .... förkläde -t n
die **Schüssel** -n [ˈʃʏsl̩] .... skål -en u
der **Schutz** *kein Pl* [ˈʃʊts] .... skydd -et n
schützen [ˈʃʏtsn̩] .... att **skydda**
der **Schwager** Schwäger [ˈʃvaːgɐ] .... svåger -n u
die **Schwägerin** -nen [ˈʃvɛːgərɪn] .... svägerska -n u
der **Schwamm** Schwämme [ʃvam] .... svamp -en u
der **Schwan** Schwäne [ʃvaːn] .... svan -en u
schwanger [ˈʃvaŋɐ] .... gravid
die **Schwangerschaft** -en
[ˈʃvaŋɐʃaft] .... graviditet -en u
der **Schwangerschaftsabbruch**
-abbrüche [ˈʃvaŋɐʃaftsʔapbrʊx] .... abort -en u
der **Schwangerschaftstest** -s
[ˈʃvaŋɐʃaftstɛst] .... graviditetstest -et n
der **Schwanz** Schwänze [ʃvants] .... svans -en u
schwarz [ʃvarts] .... svart
S
das **Schwein** -e [ʃvain] .... gris -en u
das **Schweinefleisch** *kein Pl*
[ˈʃvainəflaiʃ] .... fläskkött -et n
der **Schweizer Franken** - .... den **schweiziska**
[ˈʃvaitsɐ ˈfraŋkn̩] **franc** u
schwer [ʃveːɐ̯] .... tung
schwerbehindert [ˈʃveːɐ̯bəhɪndɐt] .... svårt handikappad
schwerhörig [ˈʃveːɐ̯høːrɪç] .... lomhörd
die **Schwester** -n [ˈʃvɛstɐ] .... syster -n u

die **Schwiegermutter** -mütter ['ʃviːɡɐmʊtɐ] .... svärmo|r -dern u
der **Schwiegersohn** -söhne ['ʃviːɡɐzoːn] .... svärson -en u
der **Schwiegervater** -väter ['ʃviːɡɐfaːtɐ] .... svärfa|r -dern u
schwierig ['ʃviːrɪç] .... svår
das **Schwimmbad** -bäder ['ʃvɪmbaːt] .... simhall -en u
die **Schwimmbrille** -n ['ʃvɪmbrɪlə] .... simglasögon -en n
schwimmen ['ʃvɪmən] .... att simma
der **Schwindel** *kein Pl* ['ʃvɪndl̩] .... yrsel -n u
sechs [zɛks] .... sex
sechzehn ['zɛçtseːn] .... sexton
sechzig ['zɛçtsɪç] .... sextio
der **See** -n [zeː] .... sjö -n u
die **See** *kein Pl* [zeː] .... hav -et n
das **Segelboot** -e ['zeːɡl̩boːt] .... segelbåt -en u
segeln ['zeːɡl̩n] .... att segla
sehen ['zeːən] .... att se
die **Sehenswürdigkeiten** *Pl* ['zeːənsvʏrdɪçkaitən] .... sevärdheter -na u
sehr [zeːɐ̯] .... mycket
seid [zait] .... är
die **Seife** -n ['zaifə] .... tvål -en u
sein [zain] .... att vara
sein(e) ['zain(ə)] .... hans, sin (tt, a)
sein(e) ['zain(ə)] .... sin (tt, a), dess
seine(r, s) ['zainə] .... hans
seit [zait] .... sedan
die **Seite** -n ['zaitə] .... sida -n u

der **Sekt** *kein Pl* [zɛkt] .... det mousserande vita vinet n
die **Sekunde** -n [zeˈkʊndə] .... sekund -en u
selbst [zɛlpst] .... själv
selbstbewusst [ˈzɛlpstbəvʊst] .... självmedveten
selbstständig [ˈzɛlpʃtɛndɪç] .... självständig
selbstverständlich [ˈzɛlpʃtfɛɐ̯ʃtɛntlɪç] .... självklar
selten [ˈzɛltn̩] .... sällan
seltsam [ˈzɛltza:m] .... sällsam
senden [ˈzɛndn̩] .... att sända
die **Sendung** -en [ˈzɛndʊŋ] .... program -met n
der **Senf** *kein Pl* [zɛnf] .... senap -en u
sensibel [zɛnˈzi:bl̩] .... känslig
der **September** – [zɛpˈtɛmbɐ] .... september
servieren [zɛrˈvi:rən] .... att servera
die **Serviette** -n [zɛrˈvi̯ɛtə] .... servett -en u
der **Sessel** – [ˈzɛsl̩] .... fåtölj -en u
sich **setzen** [ˈzɛtsn̩] .... att sätta sig
das **Shampoo** -s [ˈʃampu] .... schampo -t n
die **Shorts** *Pl* [ʃo:ɐ̯ts] .... shorts -en u
sich [zɪç] .... sig
sicher [ˈzɪçɐ] .... säker
die **Sicherheit** *kein Pl* [ˈzɪçɐhait] .... säkerhet -en u
der **Sicherheitsgurt** -e [ˈzɪçɐhaitsgʊrt] .... bilbälte -t n
sicherlich [ˈzɪçɐlɪç] .... säkert
die **Sicherung** -en [ˈzɪçərʊŋ] .... säkring -en u
der **Sicherungskasten** -kästen [ˈzɪçərʊŋskastn̩] .... säkringsskåp -et n
Sie [zi:] .... ni

sie [ziː] .... hon
sie [ziː] .... de
das **Sieb** -e [ziːp] .... sil -en u
sieben [ˈziːbn̩] .... sju
siebzehn [ˈziːptseːn] .... sjutton
siebzig [ˈziːptsɪç] .... sjuttio
das **Silber** *kein Pl* [ˈzɪlbɐ] .... silv|er -ret n
der/das **Silvester** – [zɪlˈvɛstɐ] .... nyårsafton -en u
die **SIM-Karte** -n [ˈzimkartə] .... SIM-kort -et n
sind [zɪnt] .... är
singen [ˈzɪŋən] .... att sjunga
der **Sinn** *kein Pl* [zɪn] .... mening -en u
der **Sitz** -e [zɪts] .... säte -t n
sitzen [ˈzɪtsn̩] .... att sitta
der **Sitzplatz** -plätze [ˈzɪtsplats] .... sittplats -en u
das **Skateboardfahren** *kein Pl* [ˈskeːtboːɐ̯tfaːrən] .... skateboardåkning -en u
das **Skelett** -e [skeˈlɛt] .... skelett -et n
der **Ski** -er/– [ʃiː] .... skida -n u
das **Skifahren** *kein Pl* [ˈʃiːfaːrən] .... skidåkning -en u
der **Slip** -s [slɪp] .... trosa -n u
die **Slipeinlage** -n [ˈslɪpʔainlaːgə] .... trosskydd -et n
das **Smartphone** -s [ˈsmaːtfoʊn] .... smarttelefon -en u
die, das **SMS** – [ɛsʔɛmˈʔɛs] .... SMS -et n
das **Snowboarding** *kein Pl* [ˈsnoːboːɐ̯dɪŋ] .... snowboardåkning -en u
so [zoː] .... så
die **Socke** -n [ˈzɔkə] .... socka -n u
das **Sofa** -s [ˈzoːfa] .... soffa -n u
sofort [zoˈfɔrt] .... genast
die **Software** *kein Pl* [ˈsɔftvɛːɐ̯] .... mjukvara -n u

sogar [zoˈgaːɐ̯]	till och med
der **Sohn** Söhne [zoːn]	son -en u
die **Sojabohne** -n [ˈzoːjaboːnə]	sojaböna -n u
die **Solarheizung** -en [zoˈlaːɐ̯haitsʊŋ]	solvärme -n u
solche(r, s) [ˈzɔlçə]	sådan
der, die **Soldat, Soldatin** -en, -nen [zɔlˈdaːt, zɔlˈdaːtɪn]	soldat -en u
sollen [ˈzɔlən]	ska
sollten wir ...? [ˈzɔltn̩ viːɐ̯ ...]	skulle vi ...?
der **Sommer** - [ˈzɔmɐ]	sommar -en u
die **Sommersprossen** *Pl* [ˈzɔmɐʃprɔsn̩]	fräknar -na u
die **Sonne** -n [ˈzɔnə]	sol -en u
sich **sonnen** [ˈzɔnən]	att solbada
der **Sonnenbrand** -brände [ˈzɔnənbrant]	solbränna -n u
die **Sonnenbrille** -n [ˈzɔnənbrɪlə]	solglasögon -en u
der **Sonnenhut** -hüte [ˈzɔnənhuːt]	solhatt -en u
das **Sonnenschutzmittel** - [ˈzɔnənʃʊtsmɪtl̩]	solkräm -en u
sonnig [ˈzɔnɪç]	solig
der **Sonntag** -e [ˈzɔntaːk]	söndag -en u
sonst [zɔnst]	annars
die **Sorge** -n [ˈzɔrgə]	oro -n u
sorgfältig [ˈzɔrkfɛltɪç]	omsorgsfull
die **Soße** -n [ˈzoːsə]	sås -en u
das **Souvenir** -s [zuvəˈniːɐ̯]	souvenir -en u
die **Spaghetti** *Pl* [ʃpaˈgɛti]	spaghetti -n u
die/das **Spammail** -s [ˈspɛmmeːl]	skräppost -en u
die **Spannung** *kein Pl* [ˈʃpanʊŋ]	spänning -en u

sparen ['ʃpa:rən]	att spara
der **Spargel** - ['ʃpargl̩]	sparris -en u
das **Sparkonto** -konten ['ʃpa:ɐ̯kɔnto]	sparkonto -t n
der **Spaß** *kein Pl* [ʃpa:s]	skoj -et n
spät [ʃpɛ:t]	sen
spazieren gehen [ʃpa'tsi:rən ge:ən]	att **promenera**
der **Spaziergang** -gänge [ʃpa'tsi:rgaŋ]	promenad -en u
der **Speck** *kein Pl* [ʃpɛk]	späck -et n
die **Speicherkarte** -n ['ʃpaiçɐkartə]	minneskort -et n
speichern ['ʃpaiçɐn]	att spara
die **Speisekarte** -n ['ʃpaɪzəkartə]	meny -n u
der **Spiegel** - ['ʃpi:gl̩]	spegel -n u
das **Spiegelei** -er ['ʃpi:gl̩ʔai]	det stekta ägget n
das **Spiel** -e [ʃpi:l]	spel -et n
spielen ['ʃpi:lən]	att spela
der, die **Spieler, Spielerin** -, -nen ['ʃpi:lɐ, 'ʃpi:lərɪn]	spelare -n u
der **Spielplatz** -plätze ['ʃpi:lplats]	lekplats -en u
das **Spielzeug** -e ['ʃpi:ltsɔyk]	leksak -en u
der **Spinat** *kein Pl* [ʃpi'na:t]	spenat -en u
die **Spinne** -n ['ʃpɪnə]	spindel -n u
das **Spinnennetz** -e ['ʃpɪnənnɛts]	spindelnät -et n
der **Sport** *kein Pl* [ʃpɔrt]	idrott -en u
die **Sportart** -en ['ʃpɔrta:ɐ̯t]	idrottsgren -en u
die **Sporthalle** -n ['ʃpɔrthalə]	idrottshall -en u
der **Sportplatz** -plätze ['ʃpɔrtplats]	idrottsplats -en u
die **Sprache** -n ['ʃpra:xə]	språk -et n
sprechen ['ʃprɛçn̩]	att tala
die **Sprechstunde** -n ['ʃprɛçʃtʊndə]	mottagningstid -en u

die **Spritze** -n [ˈʃprɪtsə]	spruta -n u
spritzen [ˈʃprɪtsn̩]	att spruta
der **Sprung** Sprünge [ˈʃprʊŋ]	språng -et n
das **Spülbecken** - [ˈʃpy:lbɛkn̩]	diskho -n u
der **Spüllappen** - [ˈʃpy:llapn̩]	disktrasa -n u
die **Spülmaschine** -n [ˈʃpy:lmaʃi:nə]	diskmaskin -en u
das **Spülmittel** - [ˈʃpy:lmɪtl̩]	diskmed|el -let n
der **Staat** -en [ʃta:t]	stat -en u
das **Stäbchen** - [ˈʃtɛ:pçən]	pinne -n u
stabil [ʃtaˈbi:l]	stabil
das **Stadion** Stadien [ˈʃta:di̯ɔn]	stadion u
die **Stadt** Städte [ʃtat]	stad -en u
der **Stadtplan** -pläne [ˈʃtatpla:n]	karta -n u
stark [ʃtark]	stark
statt [ʃtat]	i stället för
stattfinden [ˈʃtatfɪndn̩]	att äga rum
der **Stau** -s [ʃtau]	bilkö -n u
der **Staub** *kein Pl* [ˈʃtaup]	damm -et n
Staub saugen [ˈʃtaup zaugn̩]	att dammsuga
der **Staubsauger** - [ˈʃtaupzaugɐ]	dammsugare -n u
das **Steak** -s [ste:k]	biff -en u
die **Steckdose** -n [ˈʃtɛkdo:zə]	eluttag -et n
der **Stecker** - [ˈʃtɛkɐ]	kontakt -en u
stehen [ˈʃte:ən]	att stå
steigen [ˈʃtaign̩]	att stiga
der **Stein** -e [ʃtain]	sten -en u
die **Stelle** -n [ˈʃtɛlə]	ställe -t n
stellen [ˈʃtɛlən]	att ställa
die **Stellenanzeige** -n [ˈʃtɛlənʔantsaigə]	jobbannons -en u
sterben [ˈʃtɛrbn̩]	att dö

steril [ʃteˈriːl]	steril
der **Stern** -e [ʃtɛrn]	stjärna -n u
das **Stethoskop** -e [ʃtetoˈskoːp]	stetoskop -et n
die **Steuer** -n [ˈʃtɔyɐ]	skatt -en u
der **Stiefbruder** -brüder [ˈʃtiːfbruːdɐ]	styvbro|r -dern u
der **Stiefel** - [ˈʃtiːfl̩]	stövel -n u
die **Stiefmutter** -mütter [ˈʃtiːfmʊtɐ]	styvmo|r -dern u
die **Stiefschwester** -n [ˈʃtiːfʃvɛstɐ]	styvsyster -n u
der **Stiefvater** -väter [ˈʃtiːffaːtɐ]	styvfa|r -dern u
der **Stier** -e [ʃtiːɐ̯]	tjur -en u
der **Stil** -e [ʃtiːl]	stil -en u
still [ʃtɪl]	stilla
stillen [ˈʃtɪlən]	att amma
die **Stirn** -en [ʃtɪrn]	panna -n u
das **Stockwerk** -e [ˈʃtɔkvɛrk]	våning -en u
der **Stoff** -e [ʃtɔf]	tyg -et n
stolz [ʃtɔlts]	stolt
stören [ˈʃtøːrən]	att störa
die **Störung** -en [ˈʃtøːrʊŋ]	störning -en u
die **Strafe** -n [ˈʃtraːfə]	straff -et n
die **Straftat** -en [ˈʃtraːftaːt]	brott -et n
der **Strand** Strände [ʃtrant]	strand -en u
die **Straße** -n [ˈʃtraːsə]	gata -n u
die **Straßenbahn** -en [ˈʃtraːsn̩baːn]	spårvagn -en u
streichen [ˈʃtraiçn̩]	att måla
stricken [ˈʃtrɪkn̩]	att sticka
die **Strickjacke** -n [ˈstrɪkjakə]	kofta -n u
der **Strom** Ströme [ʃtroːm]	ström -men u
der **Stromzähler** - [ˈʃtroːmtsɛːlɐ]	elmätare -n u

S

die **Strumpfhose** -n ['ʃtrʊmpfho:zə] ... strumpbyxor -na u
das **Stück** Stücke [ʃtʏk] ... stycke -t n
der, die **Student, Studentin** -en, -nen [ʃtu'dɛnt, ʃtu'dɛntɪn] ... student -en u
der **Studentenausweis** -e [ʃtu'dɛntn̩ʔausvais] ... studentkort -et n
das **Studium** *kein Pl* ['ʃtu:di̯ʊm] ... studier -na u
der **Stuhl** Stühle [ʃtu:l] ... stol -en u
die **Stunde** -n ['ʃtʊndə] ... timme -n u
der **Stundenplan** -pläne ['ʃtʊndn̩pla:n] ... schema -t n
der **Sturm** Stürme [ʃtʊrm] ... storm -en u
stürmisch ['ʃtʏrmɪʃ] ... stormig
die **Suche** -n ['zu:xə] ... sökande -t n
suchen ['zu:xn̩] ... att söka
die **Sucht** Süchte [zʊxt] ... beroende -t n
Südamerika ['zy:tʔa'me:rika] ... Sydamerika
der **Süden** *kein Pl* ['zy:dn̩] ... söder
südlich ['zy:tlɪç] ... södra
der **Supermarkt** -märkte ['zu:pɐmarkt] ... snabbköp -et n
die **Suppe** -n ['zʊpə] ... soppa -n u
das **Surfbrett** -er ['zø:ɐ̯fbrɛt] ... surfingbräda -n u
surfen ['zø:ɐ̯fn̩] ... att surfa
süß [zy:s] ... söt
die **Süßigkeiten** *Pl* ['zy:sɪçkaitn̩] ... godis -et n
sympathisch [zʏm'pa:tɪʃ] ... sympatisk
das **Symptom** -e [zʏmp'to:m] ... symptom -et n
die **Synagoge** -n [zyna'go:gə] ... synagoga -n u
das **System** -e [zʏs'te:m] ... system -et n
die **Szene** -n ['stse:nə] ... scen -en u

Tt

der **Tabak** *kein Pl* ['tabak] .... tobak -en u
der **Tablet-Computer** - ['tɛblətkɔmpju:tɐ] .... surfplatta -n u
das **Tablett** -s/-e [ta'blɛt] .... bricka -n u
die **Tablette** -n [ta'blɛtə] .... tablett -en u
der **Tag** -e [ta:k] .... dag -en u
das **Tal** Täler [ta:l] .... dal -en u
der **Tampon** -s ['tampɔn] .... tampong -en u
tanken ['taŋkn̩] .... att tanka
die **Tankstelle** -n ['taŋkʃtɛlə] .... bensinstation -en u
die **Tante (mütterlicherseits)** -n ['tantə] .... moster -n u
die **Tante (väterlicherseits)** -n ['tantə] .... faster -n u
der **Tante-Emma-Laden** -Läden [tantə'ʔɛmala:dn̩] .... kvartersbutik -en u
der **Tanz** Tänze [tants] .... dans -en u
tanzen ['tantsn̩] .... att dansa
die **Tasche** -n ['taʃə] .... väska -n u
das **Taschenbuch** -bücher ['taʃənbu:x] .... pocketbok -en u
der **Taschendiebstahl** -diebstähle ['taʃn̩di:pʃta:l] .... ficktjuveri -t n
die **Taschenlampe** -n ['taʃn̩lampə] ... ficklampa -n u
das **Taschenmesser** - ['taʃn̩mɛsɐ] ... fickkniv -en u
der **Taschenrechner** - ['taʃn̩rɛçnɐ] ... miniräknare -n u
das **Taschentuch** -tücher ['taʃn̩tu:x] .. näsduk -en u

die **Tasse** -n [ˈtasə]	kopp -en u
die **Tastatur** -en [tastaˈtuːɐ̯]	tangentbord -et n
die **Taube** -n [ˈtaubə]	duva -n u
tauchen [ˈtauxn̩]	att dyka
die **Taufe** -n [ˈtaufə]	dop -et n
tausend [ˈtauzn̩t]	tusen
das/der **Taxi** -s [ˈtaksi]	taxi -n u
technisch [ˈteçnɪʃ]	teknisk
der **Tee** -s [teː]	te -et n
der **Teebeutel** - [ˈteːbɔytl̩]	tepåse -n u
die **Teekanne** -n [ˈteːkanə]	tekanna -n u
der **Teelöffel** - [ˈteːlœfl̩]	tesked -en u
der **Teich** -e [taiç]	damm -en u
der **Teig** -e [taik]	deg -en u
der **Teil** -e [tail]	del -en u
teilen [ˈtailən]	att dela
teilnehmen [ˈtailneːmən]	att delta
die **Teilzeit** *kein Pl* [ˈtailtsait]	deltidsarbete -t n
das **Telefon** -e [ˈteːləˈfoːn]	telefon -en u
telefonieren [teləfoˈniːrən]	att ringa
die **Telefonnummer** -n [teːləˈfoːnnʊmɐ]	telefonnum|mer -ret n
der **Teller** - [ˈtɛlɐ]	tallrik -en u
der **Tempel** - [ˈtɛmpl̩]	temp|el -let n
die **Temperatur** -en [tɛmpəraˈtuːɐ̯]	temperatur -en u
das **Tennis** *kein Pl* [ˈtɛnɪs]	tennis -en u
der **Tennisball** -bälle [ˈtɛnɪsbal]	tennisboll -en u
der **Tennisschläger** - [ˈtɛnɪsʃlɛːgɐ]	tennisracket -en u
der **Teppich** -e [ˈtɛpɪç]	matta -n u
der **Teppichboden** -böden [ˈtɛpɪçboːdn̩]	heltäckningsmatta -n u

der **Termin** -e [tɛr'mi:n] .... tid -en u
die **Terrasse** -n [tɛ'rasə] .... terrass -en u
teuer ['tɔyɐ] .... dyr
das **Theater** - [te'a:tɐ] .... teater -n u
die **Theke** -n ['te:kə] .... disk -en u
die **Therapie** -n [tera'pi:] .... terapi -n u
das **Thermometer** - [tɛrmo'me:tɐ] ... termometer -n u
die **Thermoskanne**® -n ['tɛrmɔskanə] .... termos -en u
der **Thunfisch** -e ['tu:nfɪʃ] .... tonfisk -en u
das **Ticket** -s ['tɪkət] .... biljett -en u
tief [ti:f] .... djup
die **Tiefgarage** -n ['ti:fgara:ʒə] .... den underjordiska parkeringen u
tiefgefroren ['ti:fgəfro:rən] .... djupfryst
die **Tiefkühlkost** *kein Pl* ['ti:fky:lkɔst] .... de djupfrysta varorna u
das **Tier** -e [ti:ɐ] .... djur -et n
der, die **Tierarzt, Tierärztin** -ärzte, -nen ['ti:ɐ?a:ɐtst, 'ti:ɐ?ɛ:ɐtstɪn] .... veterinär -en u
der **Tiger** - ['ti:gɐ] .... tiger -n u
die **Tinte** *kein Pl* ['tɪntə] .... bläck -et n
tippen ['tɪpən] .... att skriva (på datorn)
der **Tisch** -e [tɪʃ] .... bord -et n
das **Tischtennis** *kein Pl* ['tɪʃtɛnɪs] .... bordtennis -en u
das **Toastbrot** -e ['to:stbro:t] .... det rostade brödet n
der **Toaster** - ['to:stɐ] .... brödrost -en u
die **Tochter** Töchter ['tɔxtɐ] .... dotter -n u
der **Tod** -e [to:t] .... död -en u
die **Toilette** -n [toa'lɛtə] .... toalett -en u

das **Toilettenpapier** -e [to̯aˈlɛtn̩papiːɐ̯] ..... toalettpapp|er -ret n
die **Toilettenspülung** -en [to̯aˈlɛtn̩ʃpyːlʊŋ] ..... toalettspolning -en u
tolerant [toleˈrant] ..... tolerant
die **Tomate** -n [toˈmaːtə] ..... tomat -en u
die **Tonne** -n [ˈtɔnə] ..... ton -net n
das **Tor** -e [toːɐ̯] ..... mål -et n
die **Torte** -n [ˈtɔrtə] ..... tårta -n u
tot [toːt] ..... död
töten [ˈtøːtn̩] ..... att döda
der **Touchscreen** -s [ˈtatʃskriːn] ..... pekskärm -en u
der, die **Tourist, Touristin** -en, -nen [tuˈrɪst, tuˈrɪstɪn] ..... turist -en u
die **Touristeninformation** -en [tuˈrɪstn̩ʔɪnfɔrmatsi̯oːn] ..... turistinformation -en u
traditionell [traditsi̯oˈnɛl] ..... traditionell
tragen [ˈtraːgn̩] ..... att ha på sig
tragen [ˈtraːgn̩] ..... att bära
trainieren [trɛˈniːrən] ..... att träna
der **Trainingsanzug** -anzüge [ˈtrɛːnɪŋsʔantsuːk] ..... träningsoverall -en u
der **Traktor** -en [ˈtraktoːɐ̯] ..... traktor -n u
T
der **Traum** Träume [traum] ..... dröm -men u
träumen [ˈtrɔymən] ..... att drömma
traurig [ˈtraurɪç] ..... ledsen
sich **treffen** [ˈtrɛfn̩] ..... att träffas
die **Treppe** -n [ˈtrɛpə] ..... trappa -n u
das **Triebwerk** -e [ˈtriːpvɛrk] ..... motor -n u
trinken [ˈtrɪŋkn̩] ..... att dricka
das **Trinkgeld** -er [ˈtrɪŋkgɛlt] ..... dricks -en u

trocken ['trɔkən]	torr
die **Trommel** -n ['trɔml̩]	trumma -n u
die **Trompete** -n [trɔm'peːtə]	trumpet -en u
trotz [trɔts]	trots
der **Truthahn** -hähne ['truːthaːn]	kalkontupp -en u
tschüss! [tʃyːs]	Hej då!
das **T-Shirt** -s ['tiːʃøːɐ̯t]	T-shirt -en u
die **Tuberkulose** -n [tubɛrku'loːzə]	tuberkulos -en u
die **Tulpe** -n ['tʊlpə]	tulpan -en u
tun [tuːn]	att göra
der **Tunnel** -/-s ['tʊnl̩]	tunnel -n u
die **Tür** -en [tyːɐ̯]	dörr -en u
der **Turm** Türme [tʊrm]	torn -et n
das **Turnen** *kein Pl* ['tʊrnən]	gymnastik -en u
der **Turnschuh** -e ['tʊrnʃuː]	gymnastiksko -n u
das **Türschloss** -schlösser ['tyːɐ̯ʃlɔs]	dörrlås -et n
tut mir leid! [tuːt miːɐ̯ 'laid]	jag är ledsen!
die **Tüte** -n ['tyːtə]	påse -n u
der **Typ** -en [tyːp]	typ -en u

Uu

die **U-Bahn** -en ['uːbaːn]	tunnelbana -n u
übel ['yːbl̩]	illa
die **Übelkeit** -en ['yːbl̩kait]	illamående -t n
über ['yːbɐ]	över
überall [yːbɐ'ʔal]	överallt
der **Überfall** Überfälle ['yːbɐfal]	överfall -et n
das **Übergepäck** *kein Pl* ['yːbɐgəpɛk]	(bagage med) övervikt -en u/n

übermorgen [ˈyːbɐmɔrgn̩]	i övermorgon
überrascht [yːbɐˈraʃt]	överraskad
die **Überraschung** -en [yːbɐˈraʃʊŋ]	överraskning -en u
die **Überschwemmung** -en [yːbɐˈʃvɛmʊŋ]	översvämning -en u
die **Überweisung** -en [yːbɐˈvaizʊŋ]	remiss -en u
übrig [ˈyːbrɪç]	övrig
die **Übung** -en [ˈyːbʊŋ]	övning -en u
die **Uhr** -en [uːɐ̯]	klocka -n u
... **Uhr** [... uːɐ̯]	klockan ...
die **Uhrzeit** -en [ˈuːɐ̯tsait]	tid -en u
um [ʊm]	vid
sich **umarmen** [ʊmˈʔarmən]	att kramas
die **Umarmung** -en [ʊmˈʔarmʊŋ]	kram -en u
der **Umschlag** Umschläge [ˈʊmʃlaːk]	kuvert -et n
umsteigen [ˈʊmʃtaign̩]	att byta
umziehen [ˈʊmtsiːən]	att flytta
und [ʊnt]	och
unfähig [ˈʊnfɛːɪç]	inkompetent
der **Unfall** Unfälle [ˈʊnfal]	olycka -n u
ungeduldig [ˈʊngədʊldɪç]	otålig
ungefähr [ˈʊngəfɛːɐ̯]	ungefär
unglücklich [ˈʊnglʏklɪç]	olycklig
unhöflich [ˈʊnhøːflɪç]	ohövlig
die **Uniform** -en [uniˈfɔrm]	uniform -en u
die **Universität** -en [univɛrziˈtɛːt]	universitet -et n
unmöglich [ˈʊnmøːklɪç]	omöjlig
uns [ʊns]	oss
unser(e) [ˈʊnzɐ]	vår(t, a)
unsere(r, s) [ˈʊnz(ə)rə]	vår(t, a)

unsympathisch ['ʊnzʏmpaːtɪʃ]	osympatisk
unten ['ʊntn̩]	nere
unter ['ʊntɐ]	under
die **Unterführung** -en [ʊntɐ'fyːrʊŋ]	gångtunnel -n u
sich **unterhalten** [ʊntɐ'haltn̩]	att underhålla
die **Unterhaltung** -en [ʊntɐ'haltʊŋ]	underhållning -en u
die **Unterhose** -n ['ʊntɐhoːzə]	kalsonger -na u
unterschreiben [ʊntɐ'ʃraibn̩]	att skriva under
die **Unterwäsche** *kein Pl* ['ʊntɐvɛʃə]	underkläder -na u
der **Urlaub** -e ['uːɐ̯laup]	semester -n u
der **USB-Stick** -s [uːʔɛs'beːstɪk]	USB-minne -t n

Vv

die **Vase** -n ['vaːzə]	vas -en u
der **Vater** Väter ['faːtɐ]	fa|r -dern u
vegan [ve'gaːn]	vegansk
vegetarisch [vege'taːrɪʃ]	vegetarisk
die **Vene** -n ['veːnə]	ven -en u
sich **verabschieden** [fɛɐ̯'ʔapʃiːdn̩]	att ta avsked
verängstigt [fɛɐ̯'ʔɛŋstɪçt]	skrämd
verantwortlich [fɛɐ̯'ʔantvɔrtlɪç]	ansvarig
die **Verantwortung** -en [fɛɐ̯'ʔantvɔrtʊŋ]	ansvar -et n
verärgert [fɛɐ̯'ʔɛrgɐt]	förargad
verbieten [fɛɐ̯'biːtn̩]	att förbjuda
verboten [fɛɐ̯'boːtn̩]	förbjuden

der, die **Verbrecher, Verbrecherin** -, -nen [fɛɐ̯ˈbrɛçɐ, fɛɐ̯ˈbrɛçərɪn]	brottsling -en u
verbringen [fɛɐ̯ˈbrɪŋən]	att tillbringa
die **Verdauung** *kein Pl* [fɛɐ̯ˈdauʊŋ]	matsmältning -en u
verdienen [fɛɐ̯ˈdiːnən]	att tjäna
die **Vereinten Nationen** *Pl* [fɛɐ̯ˈaintn̩ naˈtsi̯oːnən]	Förenta Nationerna
das **Verfallsdatum** -daten [fɛɐ̯ˈfalsdaːtʊm]	sista datum -et n
vergessen [fɛɐ̯ˈgɛsn̩]	att glömma
die **Vergewaltigung** -en [fɛɐ̯gəˈvaltɪgʊŋ]	våldtäkt -en u
die **Vergiftung** -en [fɛɐ̯ˈgɪftʊŋ]	förgiftning -en u
verheiratet [fɛɐ̯ˈhairaːtət]	gift
die **Verhütung** -en [fɛɐ̯ˈhyːtʊŋ]	födelsekontroll -en u
verkaufen [fɛɐ̯ˈkaufn̩]	att sälja
der, die **Verkäufer, Verkäuferin** -, -nen [fɛɐ̯ˈkɔyfɐ, fɛɐ̯ˈkɔyfərɪn]	försäljare -n u
der **Verkehr** *kein Pl* [fɛɐ̯ˈkeːɐ̯]	trafik -en u
der **Verkehrsunfall** -unfälle [fɛɐ̯ˈkeːɐ̯sʔʊnfal]	trafikolycka -n u
verlassen [fɛɐ̯ˈlasn̩]	att lämna
verletzen [fɛɐ̯ˈlɛtsn̩]	att skada
die **Verletzung** -en [fɛɐ̯ˈlɛtsʊŋ]	skada -n u
sich **verlieben** [fɛɐ̯ˈliːbn̩]	att förälska sig
verliebt [fɛɐ̯ˈliːpt]	förälskad
verlieren [fɛɐ̯ˈliːrən]	att förlora
verloren [fɛɐ̯ˈloːrən]	förlorad
vermieten [fɛɐ̯ˈmiːtn̩]	att hyra ut

der, die **Vermieter,**
Vermieterin -, -nen
[fɛɐ̯ˈmiːtɐ, fɛɐ̯ˈmiːtərɪn] .... hyresvärd -en u
vermissen [fɛɐ̯ˈmɪsn̩] .... att sakna
die **Verpackung** -en [fɛɐ̯ˈpakʊŋ] .... förpackning -en u
verpassen [fɛɐ̯ˈpasn̩] .... att missa
verrückt [fɛɐ̯ˈrʏkt] .... galen
verschieden [fɛɐ̯ˈʃiːdn̩] .... olik
die **Versicherung** -en [fɛɐ̯ˈzɪçərʊŋ] .... försäkring -en u
die **Verspätung** -en [fɛɐ̯ˈʃpɛːtʊŋ] .... försening -en u
versprechen [fɛɐ̯ˈʃprɛçn̩] .... att lova
verstehen [fɛɐ̯ˈʃteːən] .... att förstå
versuchen [fɛɐ̯ˈzuːxn̩] .... att försöka
die **Verteidigung** -en [fɛɐ̯ˈtaidɪgʊŋ] .... försvar -et n
der **Vertrag** Verträge [fɛɐ̯ˈtraːk] .... fördrag -et n
verwandt [fɛɐ̯ˈvant] .... släkt
der/die **Verwandte** -n [fɛɐ̯ˈvantə] .... släkting -en u
verwirrt [fɛɐ̯ˈvɪrt] .... förvirrad
verwitwet [fɛɐ̯ˈvɪtvət] .... att vara änka/änkling
verzweifelt [fɛɐ̯ˈtsvaifl̩t] .... förtvivlad
viel [fiːl] .... mycket
viel(e) [ˈfiːl(ə)] .... många
vielleicht [fiˈlaiçt] .... kanske
vier [fiːɐ̯] .... fyra
viermal [ˈfiːɐ̯maːl] .... fyra gånger
vierte(r, s) [ˈfiːɐ̯tə] .... fjärde
das/der **Viertel** - [ˈfɪrtl̩] .... fjärdedel -en u
vierzehn [ˈfɪrtseːn] .... fjorton
vierzig [ˈfɪrtsɪç] .... fyrtio
das **Virus** Viren [ˈviːrʊs] .... virus -et n

das **Visum** Visa/Visen ['vi:zʊm]	visum -et n
das **Vitamin** -e [vita'mi:n]	vitamin -en u
der **Vogel** Vögel ['fo:gl̩]	fågel -n u
das **Volk** Völker [fɔlk]	folk -et n
voll [fɔl]	full
der **Volleyball** *kein Pl* ['vɔlibal]	volleyboll -en u
völlig ['fœlɪç]	fullständig
das **Vollkornbrot** -e ['fɔlkɔrnbro:t]	fullkornsbröd -et n
die **Vollpension** *kein Pl* ['fɔlpãzi̯o:n]	helpension -en u
die **Vollzeit** *kein Pl* ['fɔltsait]	heltidsarbete -t n
von [fɔn]	från
vor [fo:ɐ̯]	framför
vorbei [fo:ɐ̯'bai]	förbi
die **Vorfahrt** -en ['fo:ɐ̯fa:ɐ̯t]	företräde -t n
vorgestern ['fo:ɐ̯gɛstɐn]	i förrgår
der **Vorhang** Vorhänge ['fo:ɐ̯haŋ]	gardin -en u
der **Vormittag** -e ['fo:ɐ̯mɪta:k]	förmiddag -en u
vorn(e) [fɔrn(ə)]	framme
der **Vorschlag** Vorschläge ['fo:ɐ̯ʃla:k]	förslag -et n
vorsichtig ['fo:ɐ̯zɪçtɪç]	försiktig
die **Vorspeise** -n ['fo:ɐ̯ʃpaizə]	förrätt -en u
vorstellen ['fo:ɐ̯ʃtɛlən]	att presentera
der **Vorteil** -e ['fɔrtail]	fördel -en u
der **Vulkan** -e [vʊl'ka:n]	vulkan -en u

V

Ww

die **Waage** -n ['va:gə]	våg -en u
wach ['vax]	vaken

wachsen ['vaksn̩]	att växa
die **Waffel** -n ['vafl̩]	våffla -n u
wählen ['vɛːlən]	att välja
wahr [vaːɐ̯]	sann
während ['vɛːrənt]	medan
wahrscheinlich [vaːɐ̯'ʃainlɪç]	förmodligen
die **Währung** -en ['vɛːrʊŋ]	valuta -n u
der **Wald** Wälder [valt]	skog -en u
die **Walnuss** Walnüsse ['valnʊs]	valnöt -en u
die **Wand** Wände [vant]	vägg -en u
wandern ['vandɐn]	att vandra
die **Wange** -n ['vaŋə]	kind -en u
wann [van]	när
warm [varm]	varm
die **Wärmflasche** -n ['vɛrmflaʃə]	värmeflaska -n u
warten ['vartn̩]	att vänta
das **Wartezimmer** - ['vartətsɪmɐ]	väntrum -met n
warum [va'rʊm]	varför
was [vas]	vad
das **Waschbecken** - ['vaʃbɛkn̩]	handfat -et n
die **Wäsche** *kein Pl* ['vɛʃə]	tvätt -en u
waschen ['vaʃn̩]	att tvätta
der **Wäschetrockner** - ['vɛʃətrɔknɐ]	torktumlare -n u
die **Waschmaschine** -n ['vaʃmaʃiːnə]	tvättmaskin -en u
das **Waschpulver** *kein Pl* ['vaʃpʊlvɐ]	tvättmed|el -let n
das **Wasser** *kein Pl* ['vasɐ]	vatt|en -net n
der **Wasserfall** -fälle ['vasɐfal]	vattenfall -et n

der **Wasserhahn** -hähne ['vasɐha:n] .... vattenkran -en u
der **Wasserkocher** - ['vasɐkɔxɐ] .... vattenkokare -n u
die **Wassermelone** -n ['vasɐmelo:nə] .... vattenmelon -en u
das **WC** -s [ve:'tse:] .... wc -t n
der **WC-Reiniger** - [ve:'tse:rainɪgɐ] .. toalettrengörings-med|el -let n
das **Wechselgeld** *kein Pl* ['vɛksl̩gɛlt] .... växel -n u
der **Wechselkurs** -e ['vɛksl̩kurs] .... växelkurs -en u
wechseln ['vɛksl̩n] .... att växla
der **Wecker** - ['vɛkɐ] .... väckarklocka -n u
weg [vɛk] .... borta
der **Weg** -e [ve:k] .... väg -en u
wegen ['ve:gn̩] .... på grund av
wehtun ['ve:tu:n] .... att göra ont
weiblich ['vaiplɪç] .... kvinnlig
weich [vaiç] .... mjuk
das **Weihnachten** - ['vainaxtn̩] .... jul -en u
weil [vail] .... eftersom
die **Weile** *kein Pl* ['vailə] .... stund -en u
der **Wein** -e [vain] .... vin -et n
weinen ['vainən] .... att gråta
die **Weintraube** -n ['vaintraubə] .... vindruva -n u
weiß [vais] .... vit
das **Weißbrot** -e ['vaisbro:t] .... det vita brödet n
der **Weißkohl** *kein Pl* ['vaisko:l] .... vitkål -en u
der **Weißwein** -e ['vaisvain] .... vitvin -et n
weit [vait] .... långt
weiterleiten ['vaitɐlaitn̩] .... att vidarebefordra

der **Weizen** *kein Pl* [ˈvaitsn̩] ... vete -t n
welche(r, s) [ˈvɛlçə] ... vilken (t, a)
die **Welle** -n [ˈvɛlə] ... våg -en u
die **Welt** -en [vɛlt] ... värld -en u
der **Weltraum** *kein Pl* [ˈvɛltraum] ... världsrymd -en u
wem [veːm] ... vem
wen [veːn] ... vem
wenig [ˈveːnɪç] ... lite
wenig(e) [ˈveːnɪg(ə)] ... få
wenn [vɛn] ... om
wer [veːɐ̯] ... vem
die **Werbung** *kein Pl* [ˈvɛrbʊŋ] ... reklam -en u
werden [ˈveːɐ̯dn̩] ... att bli
werfen [ˈvɛrfn̩] ... att kasta
die **Werkstatt** -stätten [ˈvɛrkʃtat] ... verkstad -en u
das **Werkzeug** -e [ˈvɛrktsɔyk] ... verktyg -et n
der **Wert** *kein Pl* [veːɐ̯t] ... värde -t n
die **Wespe** -n [ˈvɛspə] ... geting -en u
der **Westen** *kein Pl* [ˈvɛstn̩] ... väster
westlich [ˈvɛstlɪç] ... västlig
das **Wetter** – [ˈvɛtɐ] ... väd|er -ret n
der **Wetterbericht** -e [ˈvɛtɐbərɪçt] ... väderrapport -en u
der **Wettkampf** -kämpfe [ˈvɛtkampf] ... tävling -en u
wichtig [ˈvɪçtɪç] ... viktig
wie [viː] ... hur
wieder [ˈviːdɐ] ... igen
wiederholen [viːdɐˈhoːlən] ... att repetera
die **Wiese** -n [ˈviːzə] ... äng -en u
wieso [viˈzoː] ... varför
wild [vɪlt] ... vild

willkommen! [vɪlˈkɔmən] ... välkommen!
die **Wimper** -n [ˈvɪmpɐ] ... ögonfrans -en u
der **Wind** -e [vɪnt] ... vind -en u
die **Windel** -n [ˈvɪndl̩] ... blöja -n u
windig [ˈvɪndɪç] ... blåsig
die **Windpocken** *Pl* [ˈvɪntpɔkn̩] ... vattenkoppor -na u
die **Windschutzscheibe** -n [ˈvɪntʃʊtsʃaibə] ... vindruta -n u
winken [ˈvɪŋkn̩] ... att vinka
der **Winter** - [ˈvɪntɐ] ... vinter -n u
die **Wippe** -n [ˈvɪpə] ... gungbräde -t n
wir [viːɐ̯] ... vi
die **Wirbelsäule** -n [ˈvɪrbl̩zɔylə] ... ryggrad -en u
wirklich [ˈvɪrklɪç] ... verkligen
wissen [ˈvɪsn̩] ... att veta
die **Wissenschaft** -en [ˈvɪsn̩ʃaft] ... vetenskap -en u
der **Witz** -e [vɪts] ... skämt -et n
das **WLAN** -s [ˈveːlan] ... det trådlösa nätverket n
wo [voː] ... var
die **Woche** -n [ˈvɔxə] ... vecka -n u
das **Wochenende** -n [ˈvɔxn̩ʔɛndə] ... helg -en u
der **Wochentag** -e [ˈvɔxn̩taːk] ... veckodag -en u
woher [voˈheːɐ̯] ... varifrån
wohin [voˈhɪn] ... vart
der **Wohnblock** -s/-blöcke [ˈvoːnblɔk] ... hyreshus -et n
wohnen [ˈvoːnən] ... att bo
das **Wohnheim** -e [ˈvoːnhaim] ... hem -met n
die **Wohnung** -en [ˈvoːnʊŋ] ... lägenhet -en u
der **Wohnwagen** - [ˈvoːnvaːgn̩] ... husvagn -en u

das **Wohnzimmer** - [ˈvoːntsɪmɐ] .... vardagsrum -met n
der **Wolf** Wölfe [vɔlf] .... varg -en u
die **Wolke** -n [ˈvɔlkə] .... moln -et n
wolkig [ˈvɔlkɪç] .... molnig
die **Wolle** *kein Pl* [ˈvɔlə] .... ull -en u
wollen [ˈvɔlən] .... att vilja
das **Wort** Wörter [vɔrt] .... ord -et n
das **Wörterbuch** -bücher [ˈvœrtɐbuːx] .... lexikon -et n
wozu [voˈtsuː] .... till vad
die **Wunde** -n [ˈvʊndə] .... sår -et n
wunderbar [ˈvʊndɐbaːɐ̯] .... underbar
der **Wunsch** Wünsche [vʊnʃ] .... önskan u
wünschen [ˈvʏnʃn̩] .... att önska
würden wir ...? [ˈvʏrdn̩ viːɐ̯ ...] .... skulle vi ...?
der **Würfel** - [ˈvʏrfl̩] .... tärning -en u
der **Wurm** Würmer [vʊrm] .... mask -en u
die **Wurst** Würste [vʊrst] .... korv -en u
die **Wurzel** -n [ˈvʊrtsl̩] .... rot -en u
die **Wüste** -n [ˈvyːstə] .... ök|en -nen u
wütend [ˈvyːtənt] .... ilsken

Zz

die **Zahl** -en [tsaːl] .... tal -et n
zählen [ˈtsɛːlən] .... att räkna
der **Zahn** Zähne [tsaːn] .... tand -en u

der, die **Zahnarzt, Zahnärztin** -ärzte, -nen ['tsa:n?a:ɐtst, 'tsa:n?ɛ:ɐtstɪn] .... tandläkare -n u
die **Zahnbürste** -n ['tsa:nbʏrstə] .... tandborste -n u
das **Zahnfleisch** *kein Pl* ['tsa:nflaiʃ] .... tandkött -et n
die **Zahnpasta** -pasten ['tsa:npasta] .... tandkräm -en u
die **Zahnschmerzen** *Pl* ['tsa:nʃmɛrtsn̩] .... tandvärk -en u
der **Zaun** Zäune [tsaun] .... staket -et n
das **Zebra** -s ['tse:bra] .... zebra -n u
der **Zebrastreifen** - ['tse:braʃtraifn̩] .... övergångsställe -t n
die **Zecke** -n ['tsɛkə] .... fästing -en u
der **Zeh** -en [tse:] .... tå -n u
der **Zehennagel** -nägel ['tse:ənna:gl̩] .... tånagel -n u
zehn [tse:n] .... tio
das **Zeichen** - ['tsaiçn̩] .... teck|en -net n
zeichnen ['tsaiçnən] .... att teckna
der **Zeigefinger** - ['tsaigəfɪŋɐ] .... pekfing|er -ret n
zeigen ['tsaign̩] .... att visa
die **Zeit** -en [tsait] .... tid -en u
die **Zeitschrift** -en ['tsaitʃrɪft] .... tidskrift -en u
die **Zeitung** -en ['tsaitʊŋ] .... tidning -en u
das **Zelt** -e [tsɛlt] .... tält -et n
zelten ['tsɛltn̩] .... att tälta
der, das **Zentimeter** - [tsɛnti'me:tɐ] .... centimeter -n u
das **Zentrum** Zentren ['tsɛntrʊm] .... centrum -et n
Z **zerbrechlich** [tsɛɐ'brɛçlɪç] .... ömtålig

der **Zettel** – [ˈtsɛtl̩] .... papperslapp -en u
der, die **Zeuge, Zeugin** -n, -nen
[ˈtsɔygə, ˈtsɔygɪn] .... vittne -t n
die **Ziege** -n [ˈtsiːgə] .... get -en u
ziehen [ˈtsiːən] .... att dra
das **Ziel** -e [tsiːl] .... mål -et n
ziemlich [ˈtsiːmlɪç] .... ganska
die **Ziffer** -n [ˈtsɪfɐ] .... siffra -n u
die **Zigarette** -n [tsigaˈrɛtə] .... cigarett -en u
die **Zigarre** -n [tsiˈgarə] .... cigarr -en u
das **Zimmer** – [ˈtsɪmɐ] .... rum -met n
der **Zimt** *kein Pl* [tsɪmt] .... kanel -en u
der **Zins** -en [ˈtsɪns] .... ränta -n u
die **Zitrone** -n [tsiˈtroːnə] .... citron -en u
der **Zoll** *kein Pl* [tsɔl] .... tull -en u
der **Zoo** -s [tsoː] .... zoo n
zu [tsuː] .... till
zu Hause [tsu ˈhauzə] .... hemma
die **Zucchini** – [tsʊˈkiːni] .... squash -en u
der **Zucker** *kein Pl* [ˈtsʊkɐ] .... sock|er -ret n
zuckerfrei [ˈtsʊkɐfrai] .... sockerfri
zuerst [tsuˈʔeːɐ̯st] .... först
der **Zufall** Zufälle [ˈtsuːfal] .... tillfällighet -en u
der **Zug** Züge [tsuːk] .... tåg -et n
das **Zuhause** *kein Pl* [tsuˈhauzə] .... hem -met n
zuhören [ˈtsuːhøːrən] .... att lyssna
zumachen [ˈtsuːmaxn̩] .... att stänga
die **Zunge** -n [ˈtsʊŋə] .... tunga -n u
zurück [tsuˈrʏk] .... tillbaka
zurückkommen [tsuˈrʏkkɔmən] .... att komma tillbaka
zusammen [tsuˈzamən] .... tillsammans

zusätzlich [ˈtsuːʦɛtslɪç] .... extra
der, die **Zuschauer, Zuschauerin** -, -nen [ˈtsuːʃauɐ, ˈtsuːʃauərɪn] .... åskådare -n u
der **Zustand** Zustände [ˈtsuːʃtant] .... tillstånd -et n
zwanzig [ˈtsvanʦɪç] .... tjugo
zwei [tsvai] .... två
zweimal [ˈtsvaimaːl] .... två gånger
zweite(r, s) [ˈtsvaitə] .... andra
die **Zwiebel** -n [ˈtsviːbl̩] .... lök -en u
die **Zwillinge** *Pl* [ˈtsvɪlɪŋə] .... tvillingar -na u
zwischen [ˈtsvɪʃn̩] .... mellan
zwölf [tsvœlf] .... tolv

DIE WICHTIGSTEN SÄTZE

DE VIKTIGASTE FRASERNA

Im Gespräch Samtal

BEGRÜSSEN UND VERABSCHIEDEN
HÄLSA OCH TA AVSKED

Guten Tag! [gu:tn̩ ˈta:k]	Goddag! [gʊˈdɑ:]
Guten Abend! [gu:tn̩ ˈa:bn̩t]	Godkväll! [gʊˈkvɛl:]
Hallo! [haˈlo:]	Hej! [hɛj:]
Auf Wiedersehen! [auf ˈvi:dɐze:ən]	Adjö! [aˈjø:]
Tschüss! [tʃy:s]	Hej då! [ˈhɛj: ˌdo:]

HÖFLICHKEIT
ARTIGHET

bitte [ˈbɪtə]	Var snäll och…/…är du snäll. [va ˈʂnɛl: ɔ/e: dʉ: ˈsnɛl:]
danke [ˈdaŋkə]	tack [tak:]
bitte schön [ˈbɪtə ʃø:n]	varsågod [ˈvɑ:ʂʊˌgu:d]
Ja, bitte. [ja: ˈbɪtə]	Ja, tack. [ˈjɑ: ˌtak:]
Nein, danke. [nain ˈdaŋkə]	Nej, tack. [ˈnɛj: ˌtak:]
Keine Ursache! [kainə ˈu:ɐ̯zaxə]	Ingen orsak! [ˈɪŋ:ən ˌu:ʂɑ:k]
Entschuldigung! [ɛntˈʃʊldɪgʊŋ]	Ursäkta! [ʏˈʂɛk:ta]
Entschuldigen Sie, … [ɛntˈʃʊldɪgn̩ zi …]	Ursäkta mig, … [ʏˈʂɛk:ta mɛj …]
Das tut mir leid. [das tu:t mi:ɐ̯ ˈlait]	Jag är ledsen. [ˌjɑ: e: ˈlɛs:ɛn]
Wie geht's? [vi: ˈge:ts]	Hur är det? [ˌhʉ:r ˈe: dɛ]

Danke, gut. Und Ihnen/dir? ['daŋkə 'gu:t ʊnt 'i:nən/'di:ɐ̯] ..... Tack, bra. Och själv? [ˌtak: 'brɑ: ɔ ʂɛlv]

KOMMUNIKATION
KOMMUNIKATION

Wie bitte? ['vi: bɪtə] ..... Förlåt, vad sa du? [fœ'ɭo:t vɑ: ˌsɑ: dʉ:]

Ich verstehe. [ɪç fɛɐ̯'ʃte:ə] ..... Jag förstår. [jɑ: fœ'ʂto:r]

Ich verstehe nicht. [ɪç fɛɐ̯'ʃte:ə nɪçt] ..... Jag förstår inte. [jɑ: fœ'ʂto:r ɪntə]

Könnten Sie das bitte wiederholen? ['kœntən zi: das bɪtə vi:dɐ'ho:lən] ..... Kan du vara snäll och säga det igen? [kan dʉ: vɑ:ra 'snɛl: ɔ ˌsɛj:a de ɪˌjɛn:]

Könnten Sie bitte langsamer sprechen? ['kœntən zi: bɪtə 'laŋza:mɐ ʃprɛçn̩] ..... Kan du vara snäll och tala långsammare? [kan dʉ: vɑ:ra 'snɛl: ɔ ˌtɑ:la ˌlɔŋ:samarə]

Könnten Sie das bitte aufschreiben? ['kœntən zi: das bɪtə 'aufʃraibn̩] ..... Kan du vara snäll och skriva upp det? [kan dʉ: vɑ:ra 'snɛl: ɔ skri:va ˌɵp: de:]

Was bedeutet ...? ['vas bə'dɔytət ...] ..... Vad betyder...? [ˌvɑ: bɛ'ty:dər...]

SICH VORSTELLEN
PRESENTERA SIG

Wie heißt du? [vi: 'haist du:] ..... Vad heter du? [ˌvɑ: 'he:tər dʉ:]

Wie heißen Sie? [vi: 'haisn̩ zi:] ..... Vad heter ni? [ˌvɑ: 'he:tər ni:]

Ich heiße ... [ɪç ˈhaisə ...]	Jag heter... [ˌjɑː ˈheːtər...]
Woher kommen Sie? [voˈheːɐ̯ ˈkɔmən ziː]	Varifrån kommer ni? [ˌvɑːrɪfrɔn ˈkɔmːər niː]
Woher kommst du? [voˈheːɐ̯ ˈkɔmst duː]	Varifrån kommer du? [ˌvɑːrɪfrɔn ˈkɔmːər dʉː]
Ich komme aus ... [ɪç ˈkɔmə aus ...]	Jag kommer från... [ˈjɑː ˌkɔmər frɔn...]
Das ist mein Mann. [ˈdas ɪst main ˈman]	Det här är min man. [deː ˈhæːr eː mɪn ˌmanː]
Das ist meine Frau. [ˈdas ɪst mainə ˈfrau]	Det här är min fru. [deː ˈhæːr eː mɪn ˌfrʉː]
Das ist mein Sohn. [ˈdas ɪst main ˈzoːn]	Det här är min son. [deː ˈhæːr eː mɪn ˌsoːn]
Das ist meine Tochter. [ˈdas ɪst mainə ˈtɔxtɐ]	Det här är min dotter. [deː ˈhæːr eː mɪn ˌdɔːtər]
Hier ist meine Telefonnummer. [hiːɐ̯ ɪst mainə teːleˈfoːnnʊmɐ]	Här är mitt telefonnummer. [ˌhæːr eː mɪt tɛlɛˈfoːnɵmər]

Beim Telefonieren På telefon

Ich hätte gern eine SIM-Karte, bitte. [ɪç hɛtə gɛrn ainə ˈzɪmkartə bɪtə]	Kan jag få ett SIM-kort, tack? [ˌkanː jɑː ˈfoː ɛt ˌsɪmːkoʈ tak]
Mein Akku ist leer. [main ˈaku ɪst leːɐ̯]	Mitt batteri är tomt. [mɪt batəˈriː eː ˌtumːt]
Hier spricht ... [hiːɐ̯ ʃprɪçt ˈ...]	Det är... [deː ˈeː...]
Mit wem spreche ich bitte? [mɪt ˈveːm ˈʃprɛçə ɪç bɪtə]	Vem talar jag med? [ˌvɛmː ˈtɑːlar jɑː meː]

Kann ich bitte Herrn/ Frau ... sprechen? [kan ıç bıtə hɛrn/frau '... ʃprɛçn̩]	Kan jag få tala med ...tack? [ˌkan jɑ: fo: 'tɑ:la me: ...tak]

Unterwegs På resa

TOILETTE UND BAD
TOALETT OCH BADRUM

Wo ist bitte die Toilette? ['vo: ıst bıtə di: twa'lɛtə]	Ursäkta, var ligger toaletten? [ʏ'ʂɛk:ta vɑ: lıgər tʊaˌlɛt:ən]
die Damentoilette ['da:məntwalɛtə]	damtoaletten ['dɑ:mtʊaˌlɛt:ən]
die Herrentoilette ['hɛrəntwalɛtə]	herrtoaletten ['hær:tʊaˌlɛt:ən]

BAHN
TÅG

Wann fährt der nächste Zug ab? ['van fɛ:ɐ̯t de:ɐ̯ nɛ:çstə 'tsu:k ap]	När avgår nästa tåg? ['nær ɑ:vgo:r nɛsta ˌto:g]
Wo muss ich umsteigen? ['vo: mʊs ıç 'ʊmʃtaign̩]	Var måste jag byta tåg? ['vɑ:r mɔstə jɑ: ˌby:ta to:g]
Von welchem Gleis fährt der Zug nach ...? [fɔn 'vɛlçəm glais fɛ:ɐ̯t de:ɐ̯ 'tsu:k na:x ...]	Från vilken perrong åker tåget till...? [fro:n vılkən pæ'rɔŋ: o:kər ˌto:gət til...]

Ist dieser Platz noch frei? [ɪst ˈdiːzɐ plats nɔx ˈfrai] .... Är den här platsen ledig? [eː dən ˌhæːr platsən ˈleːdɪ]

Hält dieser Zug in ...? [hɛlt ˈdiːzɐ tsuːk ɪn ...] .... Stannar det här tåget i...? [ˌstanːar dɛ hæːr ˈʈoːgət ɪ...]

BUS
BUSS

Welche Linie fährt nach ...? [ˈvɛlçə liːni̯ə fɛːɐ̯t naːx ...] .... Vilken linje åker till...? [ˌvɪlːkən ˈlɪnːjə oːkər tɪl...]

Welche Linie fährt zum Bahnhof? [ˈvɛlçə liːni̯ə fɛːɐ̯t tsum ˈbaːnhoːf] .... Vilken linje åker till centralstationen? [ˌvɪlːkən ˈlɪnːjə oːkər tɪl sɛnˈtrɑːlstaˌʂuːnən]

Wann fährt der nächste Bus nach ...? [ˈvan fɛːɐ̯t deːɐ̯ ˈnɛːçstə bʊs naːx ...] .... När åker nästa buss till...? [ˈnæːr oːkər nɛsta ˌbɵsː tɪl...]

Wo muss ich aussteigen? [ˈvoː mʊs ɪç ˈausʃtaigṇ] .... Var måste jag stiga av? [ˌvɑːr mɔstə jɑː stiːga ˈɑːv]

Wie viele Haltestellen sind es? [ˈviː fiːlə ˈhaltəʃtɛlən zɪnt ɛs] .... Hur många hållplatser är det? [ˌhʉːr mɔŋa ˈhɔlːplatsər eː dɛ]

Fährt dieser Bus nach ...? [fɛːɐ̯t ˈdiːzɐ bʊs naːx ...] .... Åker den här bussen till...? [ˈoːkər dən hæːr ˌbɵsːən tɪl...]

AUTO
BIL

der Führerschein [ˈfyːrɐʃain] ... körkortet [ˈɕœːrkʊʈət]

Entschuldigen Sie bitte, wie komme ich nach ...? [ɛntˈʃʊldɪɡn̩ ziː bɪtə ˈviː kɔmə ɪç naːx ...] ... Ursäkta mig, hur kommer jag till...? [ʏˈʂɛkːta mɛj ˌhʉːr ˈkɔmːər jɑː tɪl...]

Entschuldigen Sie bitte, wo ist ...? [ɛntˈʃʊldɪɡn̩ ziː bɪtə ˈvoː ɪst ...] ... Ursäkta mig, var är...? [ʏˈʂɛkːta mɛj ˌvɑːr eː...]

Wie weit ist es? [vi ˈvait ɪst ɛs] ... Hur långt är det? [ˌhʉːˈlɔŋːt eː dɛ]

Beim Arzt Hos läkaren

Ich bin krankenversichert. [ɪç bɪn ˈkraŋkn̩fɛɐ̯zɪçɐ̯t] ... Jag har sjukförsäkring. [jɑː ˈhar ʂʉːkfœˌʂɛːkrɪŋ]

Ich möchte von einer Ärztin behandelt werden, bitte. [ɪç mœçtə fɔn ainɐ ˈɛːɐ̯tstɪn bəhandlt veːɐ̯dn̩ bɪtə] ... Jag skulle vilja bli behandlad av en kvinnlig läkare, tack! [jɑː skələ vɪlja bliː bɛˈhandlad ɑːv ən ˌkvɪnːlɪ lɛːkarə tak]

Es tut hier weh. [ɛs tuːt ˈhiːɐ̯ veː] ... Det gör ont här. [ˌdeː jœːr ˈʊnːt hæːr]

Ich bin ohnmächtig geworden. [ɪç bɪn ˈoːnmɛçtɪç gəvɔrdn̩] ... Jag svimmade. [ˌjɑː ˈsvɪmːadə]

Ich habe mich erbrochen. [ɪç haːbə mɪç ɛɐ̯ˈbrɔxn̩] ... Jag har kräkts. [jɑː hɑːr ˈkrɛːkts]

Ich habe Herzbeschwerden. [ɪç ha:bə ˈhɛrtsbəʃve:ɐ̯dn̩]	Jag har hjärtbesvär. [jɑ: hɑ:r ˈjæʈ:bəsvæ:r]
Ich habe Atembeschwerden. [ɪç ha:bə ˈa:təmbəʃve:ɐ̯dn̩]	Jag har andningsbesvär. [jɑ: hɑ:r ˈan:ɪŋsbəˌsvæ:r]
Ich habe Zahnschmerzen. [ɪç ha:bə ˈtsa:nʃmɛrtsn̩]	Jag har tandvärk. [jɑ: hɑ:r ˈtan:dværk]
Ich habe eine Füllung verloren. [ɪç ha:bə ainə ˈfʏlʊŋ fɛɐ̯lo:rən]	Jag har tappat en fyllning. [jɑ: hɑ:r ˌtap:at ən ˈfʏl:nɪŋ]
Ich bin allergisch gegen Antibiotika. [ɪç bɪn aˈlɛrgɪʃ ge:gn̩ antiˈbio̯:tika]	**Jag är allergisk mot antibiotika.** [jɑ: e: aˈlær:gɪsk mu:t antɪˌbjo:tɪka]
Ich bin allergisch gegen Bienen. [ɪç bɪn aˈlɛrgɪʃ ge:gn̩ ˈbi:nən]	Jag är allergisk mot bin. [jɑ: e: aˈlær:gɪsk mu:t ˌbi:n]
Ich bin allergisch gegen Pollen. [ɪç bɪn aˈlɛrgɪʃ ge:gn̩ ˈpɔlən]	Jag är allergisk mot pollen. [jɑ: e: aˈlær:gɪsk mu:t ˌpɔl:ɛn]
Ich bin Diabetiker/ Diabetikerin. [ˈɪç bɪn diaˈbe:tikɐ/diaˈbe:tikərɪn]	Jag är diabetiker. [jɑ: e: djaˈbe:tɪkər]
Ist es ansteckend? [ɪst ɛs ˈanʃtɛkn̩t]	Är det smittsamt? [ˌe: dɛ ˈsmɪt:samt]
Ich brauche ein Rezept für … [ɪç brauxə ain reˈtsɛpt fy:ɐ̯ …]	Jag behöver ett recept för… [jɑ: bɛˈhø:vər ɛt rɛˌsɛp:t fœr…]
Ich nehme Medikamente gegen … [ɪç ˈne:mə medikaˈmɛntə ge:gn̩ …]	Jag tar medicin mot… [jɑ: ˌtɑ:r mɛdɪˈsi:n mu:t…]

PONS

Das kleine Wörterbuch Schwedisch – Deutsch

Bearbeitet von: Anette Dralle, Paola Kucera,
Peter Reelfs

1. Auflage 2017 (1,01 - 2017)

www.pons.de
E-Mail: info@pons.de

Projektleitung: Christiane Mackenzie, Helen Schmidt
Gestaltung: Petra Michel, Essen
Umschlaggestaltung: Anne Helbich, Stuttgart
Umschlagbild: Sven Palmowski, Barcelona
Satz: Lumina Datamatics Ltd.
Logoüberarbeitung: Sabine Redlin, Ludwigsburg
Druck und Bindung: L.E.G.O. S.p.A.
Printed in Europe

ISBN: 978-3-12-516078-1